手解き
# コーポレート・ファイナンス

太田康信 著

学文社

## は じ め に

　本書は，筆者の大学院時代に邂逅したコーポレート・ファイナンスとの30年近い付合いの結果，現時点で得ている一応の結論である。「コーポレート・ファイナンスの主題は，収益性評価と流動性管理しかない。」この考えを，敬愛する恩師，村井俊雄先生から伝授させて頂いて以来，執着し続けているアイデアである。本書を終始貫いている通奏低音がこれである。筆者がそれに何らかのものを付け加えているとするならば，それは，その主題を最適化問題の枠に収めようと試行した軌跡でしかない。

　ハーヴァード・ビジネス・スクール教授陣の創始によるケース・メソッドに習熟しようともがきながら，MBA候補生をはじめとしたビジネス界の皆さまと議論を積み重ねさせて頂いた結果，27年余の間に蓄積された私なりの知識体系と，最近時，大学学部での講義準備のために入手可能な範囲内で渉猟したさまざまなコーポレート・ファイナンスの成書のコンテンツを有機的に結合できないものかという苦悩からの所産である。

　本書の構成は，この目次が物語るように，現金という資産側の勘定科目から始まり，負債を経て株主資本へと至る勘定科目別説明形態を採っているように一見して映るかもしれないが，全編には最適性の概念を通貫させている。したがって，個別勘定科目に関する最適性を論じていった後に，貸借対照表総体としての最適性評価に議論が包括されて閉じる。そこでは，最終的に，一般事業会社にとっての資産・負債（総合）管理〔Asset & Liability Management〕の分析枠組みが，流動性制約下での各期資産価値（株主資本価値）評価最大化という形で用意されている。

　本書で使用した多くのイラストは，筆者のラフ・スケッチを綿密なる作業によって見やすい形にしてくれた長女，真弥に負っている。また，カバーをはじめ，いくつかの勢いのあるイラストは，長男，光信によるものである。これは，本書の家内工業色を強調するための説明ではなくて，筆者のソフトウェア操作力の弱さを開陳するものに他ならない。また，常日頃，過大な自由度を許

容してくれている妻，昭江に感謝する。
　最後に，しかし，最小の意味ではなく，筆者の極端な遅延と度重なる原稿の修正を忍耐強く庇護して下さった，学文社の稲葉由紀子さんに深謝と感謝を捧げる次第である。
　　2005年11月

　　　　　　　　　　　　　　　　　　　　　　　　　　　　太 田 康 信

# も く じ

## 1 コーポレート・ファイナンスの本質と意義
1.1 コーポレート・ファイナンスの本質と目的 …………………………9
1.2 コーポレート・ファイナンスの分析対象課題と基本機能 …………13
1.3 本書の構成 …………………………………………………………21

## 2 キャッシュフロー概念
2.1 さまざまなキャッシュフロー概念 …………………………………25

## 3 資本コストとリスク・プレミアム
3.1 資本コスト …………………………………………………………32
3.2 諸リスク・プレミアムについて ……………………………………36

## 4 現金サイクルと運転資本管理
4.1 現金サイクル ………………………………………………………39

## 5 金融資産の運用・管理
5.1 収益性と流動性のバランス問題 ……………………………………45

## 6 棚卸資産の最適管理
6.1 最適在庫管理問題とシミュレーション解 …………………………50

## 7 実物資産に関わる投資意思決定
7.1 割引キャッシュフロー法 …………………………………………57
7.2 リアル・オプション評価法 ………………………………………63

## 8 総資産価値の評価
8.1 資産価値評価法としての現在価値法 ………………………………69
8.2 企業価値評価論争ノートと総合的な資産価値評価に纏わる問題 ……72
8.3 キャッシュフロー以外の要因 ………………………………………78

## 9　負債の価値評価

9.1　借入金の評価 …………………………………………81
9.2　利子率の期間構造 ……………………………………83

## 10　持ち分型証券の評価

10.1　オプション・プライシング・アプローチ …………91
10.2　ハイブリッド債 ……………………………………95

## 11　株主資本（株主持ち分）の価値評価と最適資本構成問題

11.1　株主資本の価値評価 ………………………………98
11.2　M＝M仮説第Ⅱ・Ⅲ命題に関連して ……………102
11.3　EBIT-EPS分析による最適資本構成 ……………103
11.4　エージェンシー理論に関連して …………………105

## 12　価値評価論再論

12.1　企業価値評価を巡って ……………………………106
12.2　現在価値法が内包する矛盾点の数々 ……………108
12.3　「限界原理」導入の必要性および現在価値法，修正現在価値法，そして限界現在価値法 ……………………………………116
12.4　海底油田掘削プロジェクトの分析 ………………122
12.5　複数同士の投資案件と資金調達案件の組み合わせ最適化 …………129
12.6　価値評価理論に残された課題 ……………………132

資　料 …………………………………………………………137
参考文献 ………………………………………………………151
索　引 …………………………………………………………152

手解き
コーポレート・ファイナンス

# 1 コーポレート・ファイナンスの本質と意義

## 1.1 コーポレート・ファイナンスの本質と目的

**コーポレート・ファイナンスの基本課題**

コーポレート・ファイナンス（Corporate Finance）とは，企業にとって，「いかにして儲けたらよいのか」，そして，「いかにして現金不足の事態を生じさせないようにしたらよいのか」という財務上の二つの窮極的問題を同時に解決するための学問である，と定義できよう。上記の二つの問題は，それぞれ「収益性評価の問題」および「流動性管理の問題」と言い換えることができる。

ここで，「収益性の評価」（Profitability Evaluation）とは，現時点で支出する資金に比べて，より多くの収益（＝収入－支出）を将来時点で得る（通常，このような資金の流れを有する評価案件は「投資プロジェクト」（Investment Project）といわれる）ために，当該案件を計画・意思決定・実施・事後評価をすることである。論理的には，現時点で入手する資金に比して，より少ない資金を将来支払う場合も，収益性が実現することになる。現時点で収入を得，将来時点に亘って支出（返済）を計画・意思決定・実施・事後評価する案件は，通常，「資金調達プロジェクト」（Financing Project）といわれる。

また，「流動性の管理」（Liquidity Management）とは，ある時点において，企業から流出する資金量よりも，企業に流入する資金量を多くするように図り，常に，資金不足が生じないようにすることである。「流動性の管理」は，資金流出入のタイミング調整が問題となる。他方，「収益性の評価・管理問題」からは将来時点における収益を評価するための価値評価が必要となってくる。なぜなら，投資プロジェクト評価の場合，企業が現在手放す価値（初期投資金額）よりも将来受け取ると期待される価値が大きくなることが望ましく，そのために，将来受け取ると期待される収益価値を評価する機能が必須となるからである。

価値評価理論としては，今日のコーポレート・ファイナンスで標準型となっている現在価値法が論じられる。また，「流動性の管理問題」に出てくる**流動性**（Liquidity）概念とは，「いかに迅速に，また，いかに少ない時間・費用・損失をもって，現金に換えられるかという，資産が持つ性質」のことを指す。やや日常的な表現ではあるが，「換金可能性」という言葉に近い概念である。不測の事態に備えて，この流動性を蓄え過ぎると，そうでなければ運用資産に投資して得られたかもしれない収益への投資機会を逸失してしまうことになる。

　反対に，より多くの収益を求めて投資機会への運用を過大にすると，結果として流動性を極度に切り詰め過ぎてしまい，不測の支払いニーズ発生時に，意外の費用，損失に甘んじながらも，運用中の資産を売却して流動性を確保しなければならない事態に陥る危険性が高くなる。潤沢な流動性の確保には，収益性獲得の機会費用が伴う一方で，対極のギリギリの流動性準備では，費用・損失の発生可能性が大きく潜在するのである。要するに，収益性と流動性との間には，「あちら立てればこちら立たず」という二律背反関係が存在している。

　したがって，コーポレート・ファイナンスの定義を換言するならば，コーポレート・ファイナンスとは，企業にとって，二律背反関係（trade-off：トレードオフ）にある，「収益性の評価問題」と「流動性の管理問題」を同時に解くための学問である，ということができよう。トレードオフにある二つの問題の同時解決とは，まさに最適解の導出にほかならない。さらに，「収益性の評価問題」では，異時点間における収益の価値評価が問題になる。これに対して，「流動性の管理問題」では，異時点間における資金の流出入タイミングの調整が問題になる。したがって，コーポレート・ファイナンスの本質は，異時点間における収入および支出フローの変換（価値評価換えと発生時点のシフト）である，ということもできる。

**財務会計との違い**

　コーポレート・ファイナンスが対象とする分野は，ミクロ経済学，なかでも生産者の理論の経営分野への拡張応用研究領域である。ミクロ経済学の応用ゆえ，コーポレート・ファイナンスは，「稀少性原理」の上に成り立ち，常に，

稀少な経営資源の有効利用という視点での最適配分が問題となる。それに対して，コーポレート・ファイナンスに近い存在の財務会計（Financial Accounting）においては，複式簿記の原理が存在する。しかしながら，**複式簿記の原理**は，そもそも取引記帳上のルールであって，そこから最適化のための指針がもたらされる類の原理ではありえない。この点が，コーポレート・ファイナンスと財務会計との決定的な相違点である。二律背反関係の登場しないところでは，最適性は議論されえない。最適性が訴求されるコーポレート・ファイナンスでは，その解は，ほとんどの場合，実行可能領域内の中間点になるが，財務会計では，端点解しか求まらない。最適解を得るためには，オペレーションズ・リサーチ（Operations Research）で用いられる種々の最適化手法も用いられる。

　ここで，その一例として，製品在庫を管理する問題を考えてみよう。コーポレート・ファイナンスでは，オペレーションズ・リサーチにおけるのと同様なアプローチを採り，製品在庫量の増加に比例する倉敷料等の在庫費用と，過少在庫による売上げの逸失コスト（ペナルティ・コスト）との合計費用をもって，在庫に関わる総費用としてとらえ，その総費用が最小になるような在庫量を最適在庫量と考える。その結果，在庫量に関する最適解はその在庫量変化域の中間値として求められることが多い。なぜなら，上の倉敷料等の在庫費用と逸失コストとが二律背反関係にあるからである。これに対して，財務会計では，おそらく，売り逃がしをコスト化する操作は存在しないから，在庫費用がゼロになる端点が最適となろう。実践的には，直近の過去における在庫量推移の実績値および当該年度における売上高予想額を用いて，対売上高／棚卸資産比率の実績値を前提にした最適在庫水準を算出するであろう。

　また，コーポレート・ファイナンスにおいては，多期間にわたるキャッシュフローを分析対象とする本質上，単一期間ではなく，複数期間を対象とした最適化が問題となるために，文字どおり，多期間を対象とした最適化問題を定立しなければならないことも，会計学と対照的なところであろう。その他，継続的な再評価作業が本質を成すファイナンスであるから，過去に実行された財務活動の最新時点での評価は，必要不可欠と考えられるが，少なくとも，発生主

第 1.1 表　応用ミクロ経済学としての
コーポレート・ファイナンス

| コーポレート・ファイナンス | 財　務　会　計 |
|---|---|
| 稀少性の原理 | 複式簿記の原理 |
| 最適解 | 端点解 |
| 資金の有効利用 | 取引の記帳 |
| 多期間分析 | 単年度主義 |
| 最適化の視点からの見直し | 見直しの要素はない |

義による会計では見直しの必要がないという点も指摘できる。財務会計との相違についての比較対照点は，第1.1表を参照して欲しい。

　ここで，ストック（溜量）とフロー（流量）との違いについて，言及しておかなくてはならない。**ストック**（stock）とは，第1.1図でシンクに溜まった水の量のような，「ある一定時点を指定しさえすれば，確定する変量」のことをいう。コーポレート・ファイナンスのなかでは，株式のことも，ストックという呼称で指し示されるが，ここで言及されているのは，変量の概念を指す意味での「ストック」にほかならない。もちろん，株式の価値を指し示す株価は，時点を特定化しさえすれば，確定する変量であるから，それ自体がストック（変量）であることは，いうまでもない。これに対して，**フロー**（flow）とは，第1.1図で水道の蛇口から流れ落ちる水流のように，「一定の時間間隔が特定されないかぎり，確定しえない変量」のことである。

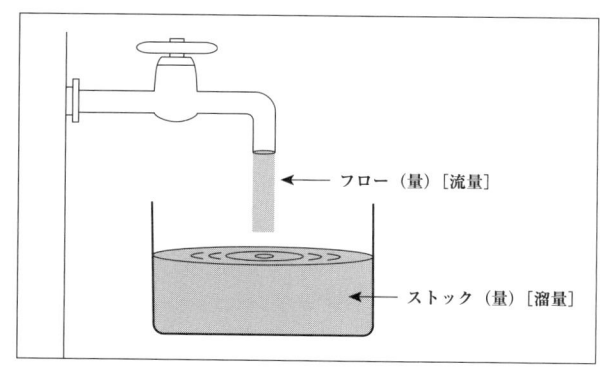

第 1.1 図　フローとストックの関係

当たり前のように思われる定義ではあるが，その経営学上での応用について，変数（とりわけ，定性的な要因を表わす変数など）によっては，峻別する際に苦慮することもある。経営学，経済学の基本に入る前の弁えとして，十分な理解を必要とする概念であることを，強調しておきたい。

## 1.2 コーポレート・ファイナンスの分析対象課題と基本機能
### 標準的な分析対象課題と最適化枠組み

コーポレート・ファイナンスの分析対象としては，①**資産構成**（Asset Structure）**の最適化**，②**資本構成**（Capital Structure）**の最適化**，③**資産成長**（Asset Growth）**の最適化**があげられている。資産構成とは，字義どおり，貸借対照表の借方である資産の構成要素選択とその結果としての構造のことである。資本構成とは，反対に，貸借対照表の貸方である銀行借入金，社債，および株主資本等から成る負債および資本の構造のことを指す。そして，資産成長は，企業成長に伴う資金需要に着目した，一定期間当たりの資金需要量の調節に関わる。

企業の財務担当者は，貸借対照表の借方である資産構成が当該企業にとってふさわしいものかどうかを絶えず，確かめなければならない。同時に，貸借対照表の貸方サイドに計上される負債および資本の構成比率に関しても，毎期，望ましい構成比率が実現しているかどうかを，確認する必要があろう。最後に，資産成長の速度に関しても留意しなければならない。速すぎる成長スピードでは，成長のための資金調達という面で，過重な調達負担を企業に強いることになってしまう。反対に，遅すぎる成長スピードでは，成長という名のパイにおける将来シェアを競合他社に譲ることになってしまう。

企業は，その時々の事業の種類，事業の規模，競争環境などを考慮しながら，「スピード経営」時代の企業に適合した適切な速さでの成長を，その都度，調整しつつ決定していかねばならない。

以上のように，貸借対照表の借方，貸方，および規模における最適化は，すべて，ストック面に着眼した場合の最適化問題である。

これに対して，フローの側面に焦点を当てた場合，前述した①，②，③の分類に対応して，それぞれ，**①′ 投資の意思決定**（Investment Decision Making）**に関わる最適化**，**②′ 資金調達の意思決定**（Financing Decision Making）**に関わる最適化**，**③′ 資金繰り**（短期における資金調達）（Cash Management）**に関わる最適化**，の問題というように，分析対象を分けることができる。コーポレート・ファイナンスでは，毎期ごとに，最適なフロー上の意思決定を積み上げていくことにより，企業にとって最も望ましいストックの構造が成立しているはずであると，考えるのである。最適制御理論における最適化のアプローチと軌を一にするものである。

**資産の3性質**

資産取得の目的が収益性の獲得にあることは，上述したとおりである。投下した資本に比較して，より多くの**純収益**（Net Return）を期待して，手元の資本または調達した資本を当該資産に投資するのである。ゆえに，資産は第一に**収益性**（Profitability）という性質を有する。しかしながら，特定の資産であっても，その運用者によって期待収益はさまざまに異なるのが自然であろう。したがって，特定された資産であっても，その期待収益率は，ケース・バイ・ケースで異なる。しかしながら，収益稼得目的によって投資を敢行するのであるから，投資責任者が期待し目標とする期待収益率水準は，意思決定時に当然のことながら検討されることとなる。投資の結果，その成果は目標とした期待収益率を実現せずに，その水準以下に止まることもあろうし，逆に，期待以上の成果が実現する場合もあろう。

このような目標とする期待収益率からの乖離は，**リスク**（Risk）と呼ばれ，通常は，特定化された確率分布（多くの場合，正規分布）の1標準偏差をもって測定され，利用される。一般に，**不確実性**（Uncertainty；広義の意味での）といわれる場合，上記のように，何らかの確率分布をもって捕捉できると考えられる不確実性と，そのような特定の確率分布をもってしては，とらえられないとみなされる不確実性とに分類されている。前者はリスク，後者は**狭義の不確実性**といわれる（Frank Knight 教授による分類）。したがって，双方を包含した

不確実性は，広義の不確実性ともいわれる。

ここで，リスク概念に戻れば，大きく儲けようとすれば必然的に大きなリスクが伴ってくるのであり，収益性の裏には常に，リスクが二律背反関係をもって存在しているということである。収益率の実現値が期待値を上回る場合をリスク（上方リスク）と呼ぶことに若干の戸惑いがあるかもしれない。意外に儲かる可能性もリスクと称しているのである。しかしながら，リスク概念を解説する際によく用いられる「虎穴に入らずんば虎子を得ず」の譬えにあるように，潜在的に大儲けをする可能性が含まれていてこそのリスク概念なのである。当該資産固有のリスクは，その事業資産からもたらされる将来収益フローがもつ**事業リスク**（Business Risk）として認識されている。これが資産のもつ第二の性質である。

資産がもつ三番目の性質としては，流動性があげられる。流動性とは，日常用語では，換金（可能）性に相当し，資産を処分して現金に変換する場合，いかに迅速に，いかに少ないコストで，いかに損をしないで現金に換えられるかの難易度を表わす概念である。しかし，流動性を数値化することは，現代ファイナンスでも困難な研究テーマとされている。それでも，流動性の厳密な管理が必要とされる業種（例として，米国の金融機関等）では，所有する資産ごとに流動性ポイントなるものを定め，総資産の加重流動性ポイントがある値（例えば，7.5）以上に維持されるように，そのオペレーションを保つような経営方針を現に採用している事実が指摘されている。企業が保有する特定時点における資産規模は，創業時からその時点に至るまでの過去における，あらゆる投資行動ないしは投資撤退行為の集積結果にほかならない。すなわち，ストックたる資産とは，過去におけるフローたる投資およびマイナスの投資（投資事業からの撤退など）の残滓物そのものなのである。

**負債の3性質**

負債は，負債調達によるコストが発生するので，収益性という視点からは，収入からのマイナス項目である，**費用**（Cost）としての性質を持つ。しかしながら，この費用性は，負債として調達した資本を投下することにより，将来時

点において，より大きくなった資本を回収するという，キャッシュフローの異時点間における変換というコーポレート・ファイナンス上での最も根幹をなす課題と結びついていることで意味がある。

　資本構成の要素として，負債をまったく有さない場合に，対応する資産がもつリスクは，前出のごとく事業リスクと呼ばれた。その資本構成に負債を有するという一点を除いて，他の条件がすべて同一の企業を想定した場合の，当該資産からもたらされる将来収益フローの抱えるリスクの，もう一方の無借金企業の事業リスクを上回る純増分は，**財務リスク**（Financial Risk）として定義されている。負債のもつ第二の性質は，負債を資本構成中に取り込むことにより，財務リスクが発生することである。金利水準が自社に不利な向きに変化した際に，いかに容易に他の外部資本と交換可能かという程度を表わす，**伸縮性**（Flexibility）がある。これが第三の性質である。そして，最後に指摘しておくべきは，貸借対照表上の貸方側にある負債残高であるストックは，過去からの負債による資金調達およびその返済履歴の結果としての残留物としての実態を示しているということである。

### 残余価値としての株価

　資本構成の重要なもう一方の要素である**株主資本（株主持ち分）評価額**（Stockholders' Equity Value）は，総資産価値評価額から負債価値評価総額を差し引いた**残余価値**（Residual Value）として求められるべき数値である。その視点に立つかぎり，**株価・利益説**を用いて，あるべき株価水準（株主資本の内在価値）を求めるべく模索する際は，残余収益フローである利益と上述の意味での残余価値との対応関係に注意を払う必要がある。

　株主資本価値の残余価値性を肯定する立場からは，株価・利益説は，極論すれば，市場株価情報を用いて株主資本コストを算出するための一手段として利用されるべきなのかもしれない。

### 倒産を考慮しない継続企業の概念

　ここで，**継続企業**（Going Concern）の概念について触れておく必要があろう。総資産規模30単位，負債総額20単位，株主資本10単位の貸借対照表を

1 コーポレート・ファイナンスの本質と意義　17

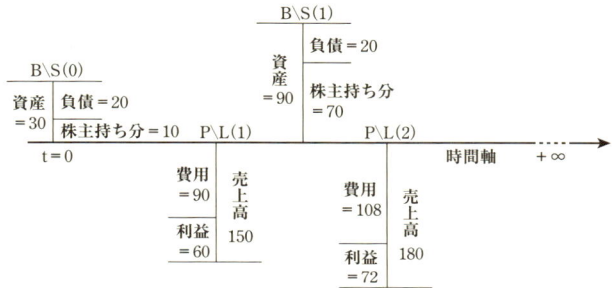

第1.2図　継続企業のイメージ図

もつ時点から企業の考察を開始する場合，そのようなストック構造をベースに，事業活動なるフローの行為を実践する結果，第1.2図にあるように，1期目の売上高150単位，利益60単位を得て，現金配当をせず全額を内部留保するとすれば，1期末の時点における株主持ち分は70単位となるであろう。以降，同様に，フローの事業行為の結果，成立するストックの構造を基に，次期の事業活動に移っていく。このようなプロセスの無限の繰り返しを行う企業イメージを継続企業として定めている。

　この継続企業を考察しているかぎり，倒産のことは考慮しなくて済むことになる。したがって，より企業の実像に近づこうとすれば，何れかのところで，絶対に倒産することのない企業模型に別れを告げなければならない。要は，継続企業概念は，企業を叙述する上での第一次接近としては意味をもつが，企業実態に迫ろうとする場合，いつまでも執着するモデルであってはならないということに留意して欲しいのである。

**キャッシュフローの典型2パターン**

　フローの経営行為である投資の意思決定は，ストックとしての資産構成を変化させる。

　いま，第1.3図のように，投資プロジェクトの雛型として，期首に100億円の投資を実行して，それ以降の継続する各期に，40億円，50億円，60億円と投資キャッシュフロー純額がリターンとして期待できる事例を考えることにしよう。初期に企業から外部への多額のキャッシュ・アウトフローがあり，以

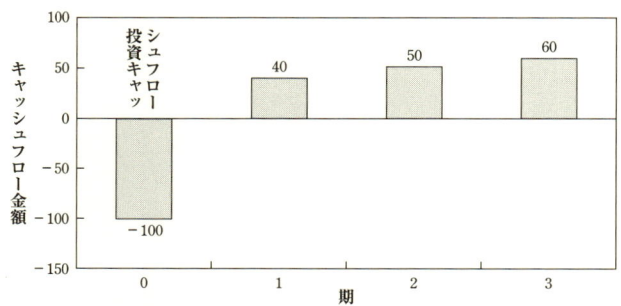

**第 1.3 図** 投資プロジェクトのキャッシュフローの例

降，次第に投資プロジェクトからもたらされる正の投資（回収）キャッシュフロー純額が逓増していくというキャッシュフロー・パターンが，投資案件に見られる典型例である。初期の投資金額は，例えば，工場新設のような場合，土地の取得，工場の建屋建設，諸設備・機械の取得等で，主として，その資産構成を直接に大きく変化させる。その後発生する期待投資キャッシュフローは，最終的には，各期における利益金額を通じて，その資産構成と同時に資本構成にも変化を及ぼす。

これに対して，第1.4図の例示のように，主として，その資本構成を大きく変化させるのは，期首に多額の資金調達が実現する，資金調達プロジェクトの意思決定である。資金調達プロジェクトの雛型では，初期に，確定金利付負債

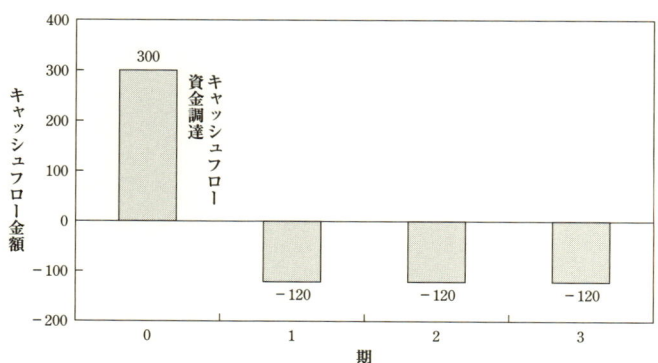

**第 1.4 図** 資金調達プロジェクトのキャッシュフローの例

300億円による資金調達が行われ，次年度以降3期にわたって120億円の元利金額の均等返済がなされる。例示のとおり，資金調達プロジェクトにおいては，最初にプロジェクトからの大量の調達資金流入があり，その後に続いて元本の返済，金利の支払いスケジュールが定めてある。

**最適化の基本枠組み**

前節において，コーポレート・ファイナンスの目的は，収益性と流動性の同時最適化にあることを明らかにした。ここでは展開したコーポレート・ファイナンスが対象とする三つの問題（それぞれ，ストック面およびフロー面から）との相互関連を明らかにするために，第1.5図を参照して欲しい。より厳密には，全ての要素が全ての要素に直接，間接に関係しているのであるが，ここでは，フロー面，ストック面におけるそれぞれ三つの分析対象課題と収益性評価問題，流動性管理問題の相互関連に焦点を合わせた。

**三種類の価値評価**

さて，ここで，コーポレート・ファイナンスでよく出てくる三種類の価値評価について解説しておき，今後，無用の混乱を避けることに資するようにしよう。第一にあげられるのは，**簿価価値**（Book Value）である。通常は，取引時に成立した取得価額であって，買収，売却時，など特別な事情がないかぎり，

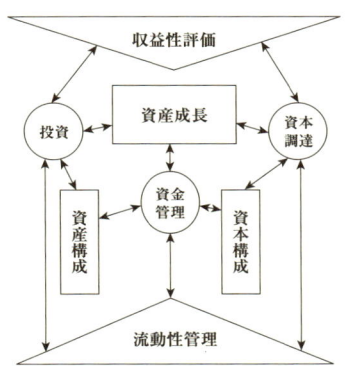

第1.5図　基本課題と分析対象課題との関連図

見直しが入り再評価されることのない評価額である。会計学の分野でも一部，インフレーション会計や為替変動会計などの先駆的動きにみられるように，近時では，その時々における評価を重んじる時価会計主義の潮流が認められるものの，まだ十分とはいいがたいものがある。

第二は，**市場価値**（Market Value）である。市場価値もまた，売り手と買い手との間での合意のもとに成立する価格という点では，簿価価値と共通する点を有するものの，ちょうど，株式の市場価格決定におけるのと同様，そこには，複数の売り手の最低値と複数の買い手の最高値との一致した価格であるという，オークション（競り）性が入った価値評価額なのである。この競り性という点は，市場価値評価がもつ大きな特徴であろう。

最後に残ったのは，**内在価値**（Intrinsic Value）と呼ばれ，現行のコーポレート・ファイナンスにおいては，将来における収益稼得(能)力を，適正な割引率を用いて割り引いて求めた**割引現在価値**（Discounted Present Value）**評価額**として求められている。将来収益稼得能力についての予想や，適正な割引率の推定に関しては，主観が入るので，得られる価値評価額は，主観的な評価額にほかならない。

第1.6図では，総資産について，その内在価値を割引現在価値概念によって求め，さらに，負債の評価額を差引いた残余の価値評価額として，正値の持ち

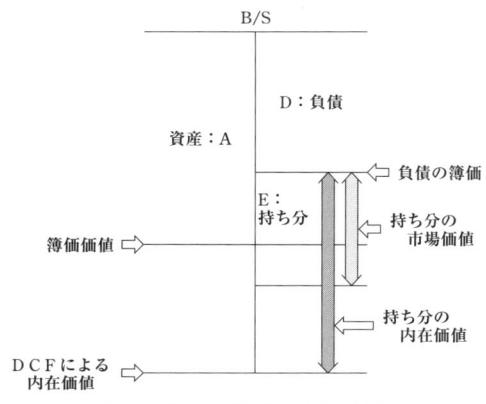

**第 1.6 図　三種類の価値評価**

分の価値評価額が定まるという図式が表現されている。持ち分の内在価値は，場合により，その簿価を上回ることもあろうし，下回ることもあろう。それは同額の負債のもとにおいて，総資産価値の内在価値評価額に依存するのである。

　コーポレート・ファイナンスが果たすべき基本機能についての以上の説明から明らかになるように，今後のコーポレート・ファイナンスが向かう方向性は，流動性が破綻しないという条件下での企業価値最大化問題という形態での最適化が予見できる。その場合，現行のフロー・ディメンジョンからの最適化ではなくて，ストックの構造，構成比率そのものを洗い直すような根こそぎベースの**資産・負債（統合）管理**（Asset & Liability Management, ALM）アプローチとなろう。

　このような流動性制約下における企業価値最大化という最適化問題の双対問題として，おそらくは，企業価値一定という制約下での手元流動性最小化という最適化問題が自ずと設定できよう。今後，発展すべきコーポレート・ファイナンスにおける企業モデルのより具体的な性質に関しては，最終章の第12章において，その詳細が網羅される。

### 1.3　本書の構成

　簡単に各章において展開される内容の相互関係について，若干ではあるが触れておきたい。会計学の資産も承継しながら，ミクロ経済学における最適性の視点で統一したいという企図のため，各章間の全体としての関連は，まず貸借対照表をイメージして，前半は資産側の勘定科目を順に，後半は負債・資本側の勘定科目を追って，最終のALMのシステムに向けて解説していく積もりで叙述した。

　第1章「コーポレート・ファイナンスの本質と意義」においては本章で規定した「収益性の評価」問題と「流動性の管理」問題との組み合わせと，通常，コーポレート・ファイナンスを講じる書籍の導入部で論ぜられるコーポレート・ファイナンスの三課題との関係が明らかにされる。すなわち，ストックの

側面では，資産構成，資本構成，資産成長の最適化，フローの側面においては，投資の意思決定，資金調達の意思決定，短期の資金繰り意思決定の最適化という標準的な問題規定と，本書における「流動性を考慮した上での収益性の最適化」との対応を明確にした。

続く第2章「キャッシュフロー概念」においては今まで，考案されてきたさまざまなキャッシュフロー概念をレビューし，現状，「星雲状態」にあることを明示しつつ，分析者が何をもって収益フローと考えたいのかが，最も肝心な決め事であることを解説する。

第3章「資本コストとリスク・プレミアム」において，選択されたキャッシュフローを割り引く際に，最も適切な割引率をいかに定めるべきかが論ぜられる。割引率については，採用さるべき割引率が，異時点間に存する不確実性を相殺するためのプレミアムを表わす利子率と，キャッシュフローに固有のリスク，また，財務梃子に伴う債務不履行のリスク等々の，諸リスク・プレミアムとから構成されることを明らかにする。特に，事業リスク以外の諸々のリスクに対する現行における考慮不足に警鐘を鳴らしたい。

第4章「現金サイクルと運転資本管理」では，企業活動に伴った現金の企業への出入りという観点から流動性の問題をとらえる序章部分としたい。

第5章「金融資産の運用・管理」においては，一時的保有証券の運用問題に対する解決法として，マーコヴィッツのポートフォリオ編成問題への平均＝分散アプローチを解説し，併せて，流動性の保有と収益性への投資がいかに同時に考慮可能になるかを検討する。

第6章「棚卸資産の最適管理」においては，ステラ・モデルによって伝統的な最適在庫問題を定式化して洗うが，この章でも，流動性の最適保有量算出に当該最適化手段が利用可能かどうかという意識が底流に流れている。

第7章「実物資産に関わる投資意思決定」は，コーポレート・ファイナンスの最も本質的な機能である，資産価値評価という点で，必須の部分である。ともすれば，貧弱な統一性のもとにバラ売りされがちな割引キャッシュフロー法内の各構成手法を一つのファミリーとして紹介し，投資（資金調達）案件に関

するスクリーニング手段としての各方法の相互連関性を明確にした。さらに，現在も進化を遂げつつある，今後とも有望な分析用具であるリアル・オプション・アプローチに関しては，数値例をもって，その特性を指摘した積もりである。同アプローチは，実物資産のみならず，企業全体を評価しようとする場合にも，非常に有効かつ強力な接近法であることが予見される。それは，経営陣の柔軟な意思決定態度や，彼らの企図する戦略を価値評価の図式中に比較的に容易に織り込むことが可能だからである。

　第8章「総資産価値の評価」では，資産の効率的な利用から生み出される将来キャッシュフロー流列を適切な割引率を用いて割り引き，総現在価値を算出することにより，初めてストックとしての資産価値評価が可能になることをみる。このような資産価値評価方法は，コーポレート・ファイナンスにおいて，デファクト・スタンダードになっている一方で，その具体的な評価作業は，極めて主観的になされる。

　第9章「負債の価値評価」では，資本構成サイドに眼を転じて，負債の分類ならびに，その代表的な負債の特徴についての解説を試みる。理論としての裏打ちは，利子率の期間構造がその役割を果たしている。

　第10章「持ち分型証券の評価」は，普通社債と普通株式との中間形態であるワラント付社債や転換社債の評価を，オプション価格評価モデルを用いて紹介する。

　第11章「株主資本（株主持ち分）の価値評価と最適資本構成問題」においては，最終的な価値評価目標である株主持ち分価値がもつ，残余価値としての性質の含意を考察する。同時に，コール・オプション評価アプローチによる株主持ち分そのものの評価視点についても論じる。M＝M仮説第Ⅱ命題に関連させて，最適な負債・持ち分比率を決定する上での理論限界と今後の努力方向が明らかにされる。また，限定的には有用なツールになりうる，EBIT–EPS分析の紹介やエージェンシー理論の考え方についても触れている。

　最終章である第12章「価値評価論再論」では，将来における価値評価理論のあるべき姿や，そのような理論に兼ね備えられるべき特性についての議論

を，現状での価値評価理論がもつ限界や欠点から明らかにするべく試みた。そこでは，筆者による直近の三つの論文を下敷きにして，現行のコーポレート・ファイナンスが有する価値評価上の問題点を明らかにするとともに，その問題点を余さずクリアしつつ，かつ，本書の課題である，一方で，その時々の流動性の制約に服しつつ，他方で，その時々の収益性を最大化する企業にとっての最適化問題への基本的な解答の萌芽を示すことにする。

# 2 キャッシュフロー概念

## 2.1 さまざまなキャッシュフロー概念

**現金流列とキャッシュフロー**

キャッシュフロー概念は，そもそも発生主義に基づく利益額と，手元現金との乖離を解消させるべく，登場した。そこでは，利益金額に対して，掛けで販売した売上高を差し引くことによる補正，掛けで購入した原材料費の未払い分を足し戻すことによる修正がなされた。さらに，棚卸資産の増減などを加味して，いわゆる主要運転資本の純増分を考慮し，加えるに，評価性引当金である減価償却費や減耗償却費の税引後利益への足し戻し操作など，現金フローにより近づけるための工夫が施されてきた。その後，支払利息や税金に関わる節税効果など，収益と認識したい構成要素を当該概念に採り込んでいき，漸次，資産価値評価の元と成る収益性を捕捉するためのキャッシュフロー概念へと変容してきている。

上述したように，キャッシュフロー概念には，会計の発生主義に基づく利益額を，現金主義へと修正して，利益額と現金額との一致を企図する，いわば，現金としての金額を把握するためのキャッシュフロー（文字どおり，**現金流列**）概念と，資産価値評価のために，将来の収益稼得（能）力をとらえるために創案された，必ずしも現金額流列には一致しない**キャッシュフロー**（Cash flow）概念がある。流動性管理の観点から必要とされるのは，まさに現金流列の意味でのキャッシュフローであり，収益性に基づく価値評価の視点から有用なのは，いうまでもなく後者の「キャッシュフロー」である。後者の意味での「キャッシュフロー」には，収益として何を認識するかに応じて構成内容が決まるため，多様なキャッシュフロー概念が存在する。

## 営業キャッシュフローと投資キャッシュフロー

なかでも，**営業キャッシュフロー**（Operating Cash flow）と呼ばれるキャッシュフローは，基本となる重要なキャッシュフロー概念の一つである。先に，継続企業（Going Concern）の概念に触れたが，営業キャッシュフローとは，継続企業において，新規の投資や資金調達を何ら行わずに資産運用を遂行していく際に生み出されていくキャッシュフロー概念である。期初に存在するバランスシートの自然な運用から生ずる収益フローを指し，なかでも必要不可欠な要素として，通常，税引後利益（Profit After Tax）と減価償却費（Depreciation）とがそのプラスの要素として，主要運転資本（Principal Working Capital）の増加分がマイナスの要素として勘案されている。

実際には，分析のケースごとに応じた創意工夫が必要であって，いつでも常に通用するような万能営業キャッシュフローは存在しない。ここで，税引後利益を正の要素とすることは，納得できるとして，減価償却費がプラス要因として扱われるのは，それが，評価性の引当金であって，実際に企業外部への支払いが実行される，現金の企業外流出部分ではないからである。ちなみに，税引後利益に減価償却費を加えたものは，**内部資金**（Internal Fund）といわれており，この内部資金枠内であれば，無理のない投資計画を実行することができ，したがって，そのような投資を積み重ねていく結果，**継続可能な成長**（Sustainable Growth）が達成されうると考えられている。

新たに調達を必要とする運転資本部分は，資金調達を必要とするので収益性を減殺する要因と考え，これを，キャッシュフローにとってはマイナスの構成要素として差し引いている。実際に計算する営業キャッシュフローには，さまざまなものがありうるが，いま述べた税引後利益，減価償却費，主要運転資本増加分，これらの構成要素は，コア部分として不可欠な要素である。営業キャッシュフローと対を成すものとして，**投資（回収）キャッシュフロー**（Investment (Recovery) Cash flow）がある。

これは，初期における投資支出金額も含めて，その後のリターンである収益フロー純額の流列を測るためのキャッシュフロー概念である。初期の投下資本

によって形成される貸借対照表（Balance Sheet）を想定して考えれば，そのバランスシートからの営業キャッシュフローに加えること，支払利息さらに当該バランスシートの評価期末時点における予想残存価値を加算することで原則的に得られる収益性キャッシュフローである。支払利息を加えるのは，投資に用いられた原資である資本の種類の相違（大別して負債か株主持ち分か）に左右されない収益稼得（能）力をとらえたいからであり，期待残存価値を考慮に入れるのは，キャッシュフロー評価期間を超えて発生が予見される収益フローの部分をまとめて，最終的な評価に含ませるためである。

以上のように，通常は，「営業キャッシュフロー」と「投資（回収）キャッシュフロー」は，かなり，明確に区別されているが現行のバランスシートをベースにして，その自然の回転運用から生み出される収益フローである営業キャッシュフローと，新たな投資によって新規に設定されるバランスシートの自然な回転運用から生み出される収益フローである投資（回収）キャッシュフローという形で，両者間に本質的な違いはないように思われる。ただ，営業キャッシュフローの場合は，企業倒産の前提されない継続企業モデルの世界での収益フロー概念が始発点になっているという点だけが，決定的な相違点といえよう。

したがって，第一に，継続企業モデルに欠けている企業倒産の可能性を考慮しさえすれば，両者の間の本質的な差は消滅する。第二に，継続企業は無限期間モデルであるので，有限期間モデル化すれば，投資キャッシュフロー評価時と同様な残存価値を考慮する必要が生じて，さらに，いっそう本質的な区別はなくなるはずである。

**星雲状態のキャッシュフロー概念**

その後に続いた，収益性を捕捉するためのキャッシュフロー概念の創案作業により，現在では，現存するキャッシュフロー概念は，某著者が指摘するように，まさに「星雲状態」にあるというべき状況である。理屈では，収益性に対する主観の数だけ，キャッシュフロー概念の種類が存在するはずである。支払わねばならない税金も稼ぎの内と思えば，税金差引き前ベースのキャッシュフ

ローになるであろうし，支払う利息も収益と認知したければ，支払利息差引き前ベースのキャッシュフローを算出しなければならない。

このようにキャッシュフロー概念拡張への努力の結果，現在では，代表的なキャッシュフロー概念として，以下に掲げるようなキャッシュフローが考案され，使用されてきている。

第2.2図は，前掲の多様なキャッシュフローの違いをとらえるために，視覚化したものである。買収事案における売り手側ならば，EBITDAが第2.1図の例で一番の高額となるので，キャッシュフローとして採用したいと考えるであろうことは，想像にかたくない。反対に，他の条件にして等しければ，買い手側は，できるだけ少額となるキャッシュフローをベースとした買収物件の試算をしようとするであろう。

① EAT（税引き後利益）＝（売上高－売上原価－その他費用）×（1－法人所得税率）
② EBT（税引き前利益）＝EAT÷（1－法人所得税率）
③ EBIT（支払利息差引き前・税引き前利益）＝EBT＋支払利息
④ EBIAT（支払利息差引き前・税引き後利益）＝EAT＋支払利息
⑤ EBIDAT（支払利息・減価償却費差引き前・税引き後利益）＝EAT＋支払利息＋減価償却費
⑥ EBITDA（支払利息・法人所得税・減価償却費・なし崩し償却費（Amortization）差引き前利益）＝EBT＋支払い利息＋減価償却費＋なし崩し償却費

第2.1図　キャッシュフロー概念の多様性

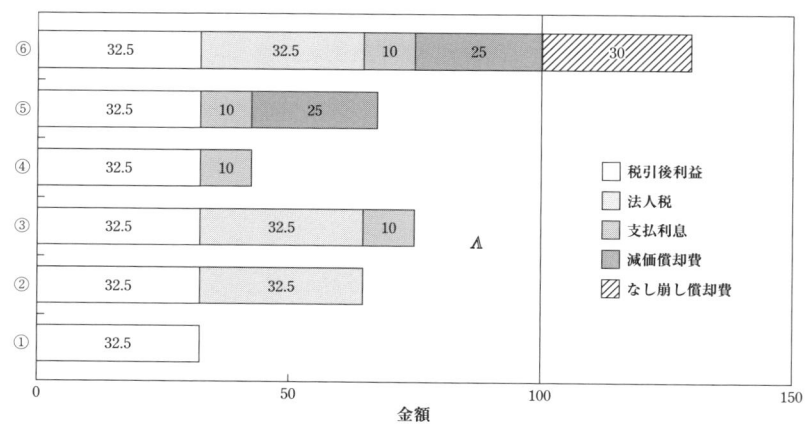

第2.2図　キャッシュフローの種類

近時，会計報告のなかでキャッシュフロー計算書の開示が唱えられてより，**フリー・キャッシュフロー**（Free Cash flow）なるキャッシュフロー概念がさまざまな論文や雑誌記事のなかに散見される。しかしながら，「フリー・キャッシュフロー」に関して，一般的に許容されるような定義は，未だ存在してはいない。「フリー」という言葉は，元来，当該企業における貸借対照表の資本構成いかんに依存しない，その資本構成からはフリーという意味で用いられていた。つまり，そのときどきの資本構成の在り様からは独立した収益稼得能力を把握するための概念であった。しかし，現在では，「フリー・キャッシュフロー」という語で，収入から諸費用を差し引いた後，経営陣が自由に処理・処分できる収益フローの部分を意味させている。

定義の一例をあげれば，「キャッシュフローのうち，企業が基本的な営業活動に必要な分野に使った残りの部分」といったようなものがある。また，「財務活動から得られるキャッシュフローを除いた，企業の純粋な事業活動から発生するキャッシュフローから税金を引いたもの」というような定義も存在する。さらに，規定の方法がやや細かいが「営業キャッシュフローから生産維持に必要な設備投資額を引き，また優先株式の配当金のすべて，普通株式の配当金については最低必要な額を引く」という「フリー・キャッシュフロー」の定義もみられる。今後，注意すべきは，論文，雑誌のなかで用いられている，個々の「フリー・キャッシュフロー」の定義自体を確認しながら，解釈して，使用することであろう。

キャッシュフロー計算書におけるキャッシュフロー概念は，実際のところ，ただ単に，企業保有になる現金在高を，営業活動と投資活動と資金調達活動との三活動分野へと配分・帰属させるに過ぎず，現金在高の発生分野別三分解であるにしか過ぎない（第2.2表参照）。その意味で，キャッシュフロー計算書開示への流れに認められる思想は，収益性捕捉機能という領域で発展し充実してきた，現存する多様なキャッシュフロー概念を，元の単一の現金フロー概念に強引に回帰させるような概念の狭隘化志向でしかない，と考える。

キャッシュフロー概念中に，具体的には，なかなか取り込みがたいものとし

**第2.2表** X社のキャッシュフロー表

| | | |
|---|---|---:|
| ① | 営業活動からのキャッシュフロー収支 | |
| | 当期純利益 | ¥2,195 |
| | 有形固定資産の減価償却費 | 180 |
| | 無形固定資産等のなし崩し償却費 | 300 |
| | 買掛債務の増減 | 1,090 |
| | 売上債権の増減 | △71 |
| | その他資産の増減 | 25 |
| | 営業活動からのキャッシュフロー収支（純額） | 3,719 |
| ② | 資金調達活動からのキャッシュフロー収支 | |
| | 普通株式発行 | 504 |
| | 普通株式買取り | △1,261 |
| | ストック・オプション所得税便益 | 352 |
| | 資金調達活動からのキャッシュフロー収支（純額） | △405 |
| ③ | 投資活動からのキャッシュフロー収支 | |
| | 土地、建物、設備への追加投資 | △494 |
| | その他資産への投資 | △625 |
| | 短期投資 | △1,551 |
| | 投資活動からのキャッシュフロー収支（純額） | △2,670 |
| | 現金および現金等価物の変化純額 | 644 |
| | 為替相場変動の現金および現金等価物に対する影響 | △5 |
| | 現金および現金等価物の期首残高 | 1,962 |
| | 現金および現金等価物の期末残高 | 2,601 |

て，**シナジー効果**（Synergy Effects）の存在がある。シナジー効果とは，とりわけ，企業間での買収や合併評価時に考察・評価対象となる，諸事業間に存在する相乗効果，統合効果であり，その生成プロセスは，主として以下の三つに関連する。

① 売上高増大によるもの
② 費用削減によるもの
③ 新規商品・サービスの上市によるもの

すなわち，シナジー効果によって指し示される内容は，何らかの作用により，売上高の増加をもたらすものか，その反対に，費用面での縮減，削減効果であろう。さらに，企業の買収・合併によって開発される新製品が市場に登場して新たなキャッシュフローをもたらす効果も考慮されよう。

以上のプロセス以外で，定量化も容易ではないような統合効果をキャッシュフローとして把握する努力こそが，フィナンシャル・マネジャーに厳しく要請されている仕事なのである。具体的なキャッシュフロー作成作業は，会計における仕訳作業とよく似ている。そのいずれもが，各分野の入門の最初に出てくる学習対象ではあるものの，実は，奥が深く，最後まで，その学びに付き纏うものなのである。端的に表現すれば，ケース・バイ・ケースで，適切なキャッシュフローを作成できる能力が身に具われば，コーポレート・ファイナンスは修了ということがいえよう。

# 3 資本コストとリスク・プレミアム

## 3.1 資本コスト
**時間価値の存在**

通常，現時点で手元にある100万円と1年後に入手する予定の100万円とは，決して同一の価値をもたない。それは，現時点と1年後との間に存する時間的隔たりに由来する不確実性のためである。1年後という不確実な将来における100万円は，そのままでは，現時点における確実な100万円と比較することはできない。すなわち，日本円での万円という呼称単位は同一ではあっても，それぞれのキャッシュフローの発生時点が異時点に特定化されており，時点が特定化されているキャッシュフローは，スカラー量ではなく，ベクトル量なのである。ゆえに，ベクトル量そのままでは，単純に足したり引いたりして比較することは不可能なのである。つまり，

(100万円，現在時点) ＞ (100万円，1年後)

このように，異時点で発生するキャッシュフローは決して同質ではないので，現時点における評価額もしくは，将来時点における評価額あるいは，その中間時点における評価額に変換し時点を揃えてからでなければ，加減（算）をすることは意味がない。経営の場において，普通は，意思決定時点が現在時点であることが多いため，現時点評価金額（現在価値）に換算されるわけである。現在価値額は，将来時点 ($t$) において予想されるキャッシュフローを，$(1+割引率)^t$ をもって除すことにより得られる。この割引率の算定作業は，異時点間におけるキャッシュフロー変換こそがコーポレート・ファイナンスの本義とみなすとき，非常に重要な意味をもつことがわかる。

割引率とは，評価者にとって，将来時点における不確実なキャッシュフローを現在時点における確実なキャッシュフローと等価なものとするプレミアム・

レート（％）であって，その構成要素は，現在と将来との間を架け繋ぐ利子率，および流動性プレミアムをはじめとした，もろもろのリスク・プレミアムから成る。利子率の存在に関しては，等金額であれば，発生時点が現時点に近ければ近いほど高く評価されるという，金利の**時間選好説**（Time Preference Hypo-thesis）にその存在根拠を求めることができる。時間選好説に依拠すれば，利子率は，現在時点と将来時点との間に存する時間的な隔たりに関わる不確実性部分に対応しているのであるから，これを用いて割り引くことで，特定時点におけるキャッシュフローから，その時間軸を除去することが可能なのである。

### 負債コストと持ち分コスト

企業にとっての利子率とは，外部から導入する資本の調達コストであって，それは大別して，**負債コスト**（the Cost of Debt）と**持ち分コスト**（the Cost of Equity）である。負債コストのなかには，一方で，確定金利の調達手段であるコマーシャルペーパー，短・長期の借入金，普通社債等々のコストがあげられ，他方，必ずしも確定金利付きにはならない，ワラント付社債や転換社債などの**持ち分型証券**（Equity-type Securities）の調達コストがある。そのいずれも，約定や契約で，金利が明示されており，調達コストを推定する作業はさほど困難ではない。

これとは対照的に，配当という形態での不確定金利が付く株主資本（株主持ち分, Stockholders' Equity）のコストについては，明示的な情報が存在しない分，算定のための困難がつきまう。株主資本のコストとは，株主が企業に期待する，株式の運用利回りと考える。株主が，株式の購入を通じて企業に期待している収益率の予想水準があるはずであり，企業側は，その株式収益率の予想水準を，株式という手段によって調達した資本のコストとみなすべきであると考えるのである。ここではちょうど，ミラー・イメージのように，株主の期待する収益率＝企業の株式による調達コスト（株式コスト，株主資本コスト，株主持ち分コスト）と考えることにしたのである（第3.1図）。

ここで，負債コストを求める，より具体的な段取りをみてみよう。銀行借入

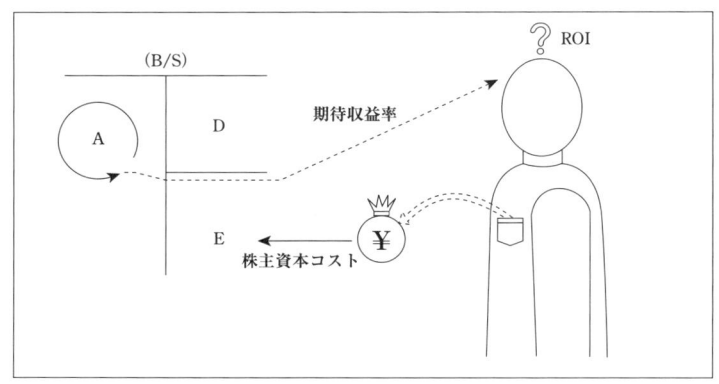

**第 3.1 図　株式コスト概念図**

金のような場合，約定の借入れ金額から拘束性の預金金額を差し引いたものを分母とし，その拘束性預金からの預金利息を名目の借入利息から差し引いた支払利息純額を分子として，実質の借入れ金利が求められよう。実際には，手数料，諸税などの取引コストがかかるわけだが，コスト算定のきめ細やかさは，本来の分析目的や他の情報がもつ詳細さ程度等に依存して決めることになる。

また，普通社債のコストは，社債発行による当初調達資金に対応する，以降のクーポン支払いおよび元本の返済に伴うキャッシュ・アウトフロー流列情報から算出できる内部収益率を求めればよい。

債券数理では，この場合の内部収益率を（欧米式）**最終利回り**（the Final Rate of Return）と呼んで，社債の発行時における利回り指標として用いている。この場合も，もちろん，証券会社への手数料や税金などの取引コストは存在する。発行以後の時点における流通利回りも，同様にして，当初調達資金額の代わりに流通市場価格を，満期の代わりに満期までの残存期間をインプットして，最終利回りを求めればよい。

さて，株主資本コストを求めるには，株価・配当説，株価・利益説，株価・キャッシュフロー説などを活用できるので，例として，株価・利益説を示しておこう。株価・利益説も現在価値法そのものであって，満期のない株式保有から期待される将来における一株当たり利益たるキャッシュフロー流列の現在割

引価値を，ちょうど，株式市場における株価と等しからしめる割引率をもって，株主資本コストとみる考え方である。

**株価・利益説の例**

$$株価 = \sum_{t=1}^{+\infty} \frac{当初一株当たり利益(1+g)^t}{(1+株主資本コスト)^t}$$

ただし，$g$ は，一株当たり利益の予想成長率とし，株主資本コストの値よりは小さいものとする。

**加重平均資本コスト概念**

このようにして求められた負債コストと株主資本コストから，そのそれぞれの未返済残高を重みとした加重平均値を算出することにより，当該企業が外部から調達した資本の総体的コスト数値である**加重平均資本コスト**（the Weighted Average Cost of Capital）が得られる。

**加重平均資本コスト**

$$WACC = R_E \cdot \frac{E}{E+D} + \sum_{j=1}^{J} R_{D_j} \cdot (1-\tau) \cdot \frac{D_j}{E+D}$$

$\begin{pmatrix} R_E：株主資本コスト，R_{D_j}：負債コスト，\tau：法人所得税率 \\ E：株主資本額，D_j：個別負債金額，D：負債総額 \end{pmatrix}$

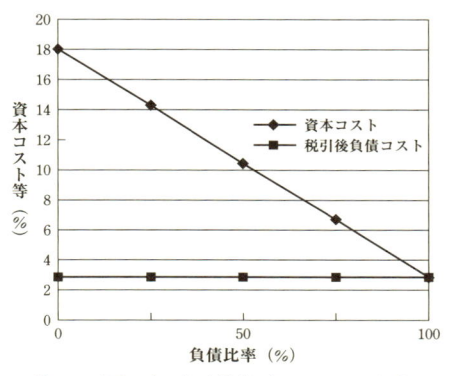

第 3.2 図　加重平均資本コストの図解

$$WACC = R_E \left(1 - \frac{D}{E+D}\right) + R_D \cdot (1-\tau) \cdot \frac{D}{E+D}$$

$$= R_E + [R_D \cdot (1-\tau) - R_E] \cdot \frac{D}{E+D}$$

さて，ここで，加重平均資本コストに関連した **M＝M 仮説第Ⅱ命題**（Modigliani＝Miller Theorem, Proposition Ⅱ）をあげておこう。第Ⅱ命題とは，企業の負債比率の上昇に伴い，加重平均資本コストが単調に減少していくことを指す。その極限値は，税引後負債コストの水準である。このことを図と式で表現しておく。第 3.2 図では，株主持ち分コスト（税引後ベース）が 18％，負債コストが 6％，法人所得税率が 48％と仮定されている。

## 3.2 諸リスク・プレミアムについて

この M＝M 仮説第Ⅱ命題は，われわれの五感と抵触する。すなわち，第Ⅱ命題によれば，企業は，その負債比率を増加させればさせるほど，その資本コスト引き下げに成功するのであるから，その分，企業の資産価値評価額は，単調に上昇し続けることが可能になるという。本当にそうであろうか。無際限に借入を行っていけば，企業価値が増大していく事態は自然ではない。何となれば，負債比率の上昇は，一方で，**財務梃子効果**（Financial Leverage Effects；第 3.3 図）をもち，それが企業価値を増加させるが，他方では，**財務リスク**も発生させる。すなわち，負債の増加により，金利返済・元本返済金額が高まるために，キャッシュフローの予想流入分で，その返済金額を支払えなくなる可能性が大きくなっていく。この負債比率上昇に伴う財務リスク効果の増大を考慮するとき，加重平均コストの一方的な引き下げ傾向には，大いに疑問を抱かせられる。

ここで，財務リスクとは，事業リスク（Business Risk），**事業環境リスク**

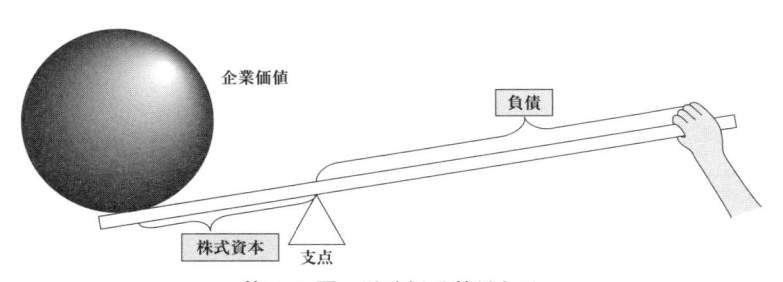

**第 3.3 図**　財務梃子効果とは

（Business Environmental Risk）とともに営業リスク（Operation Risk）の構成要素であって，他の条件にして等しいかぎりで，負債利用による事業リスクの増し分として定義されている。企業では，この営業リスクが**管理リスク**（Administration Risk）と相俟って，**経営リスク**（Management Risk もしくは Corporate Risk）を構成している。第3.4図では，それぞれ，今までは別文脈で定義されている財務リスクの近隣にある概念を，あえて，試論的に関連づけてみた。

第3.4図の**信用リスク**（Credit Risk）とは，通常は，資金を提供している金融機関側からみると，提供している資金の元本および利子の返済が滞る可能性であるが，ここでは，もう少し，その意味合いを拡張して，現金管理，流動性の制御という範疇を超えた，定性的な信用概念，例えば，歴代の経営陣が脈々として築き上げてきた人的ネットワークや暖簾，ブランドなどの無形資産までも，信用リスクを秤量する際に考慮対象に入れる。したがって，資金上，返済は可能でありながら返済の意志がない場合でも信用リスク判断材料に入る。

つぎに，**流動性リスク**（Liquidity Risk）とは，イールド・カーブの理論で出てくる流動性リスク・プレミアムとは異なり，流動性（現金）を管理する総合能力に照らした上で，必要な流動性が不足するチャンスと定める。したがって，現金の受け取りと支払いのタイミング・シフトで，このリスクを加減することが可能とする。

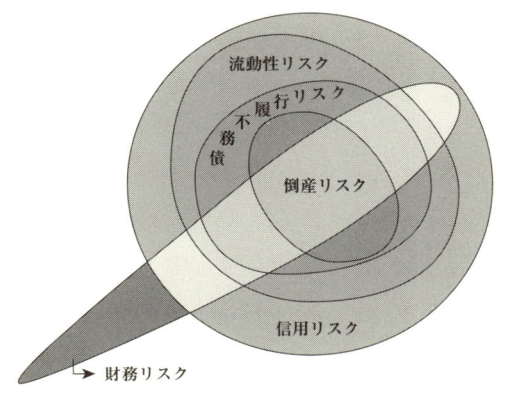

**第3.4図** 財務上の各種リスクの相対関係

なかでも，**債務不履行のリスク**（Default Risk）は，債権・債務の関係から生ずるリスクとし，資本提供者からの猶予等により，そのリスクを加減することができるものと考える。負債をもたない無借金経営であっても，現金管理上の不測事態の生起によって，現金準備が乏しければ債務不履行のリスクから完全に自由になれるわけではない。しかしながら，財務リスクの定義によって，この企業には財務リスクは存在しないのである。最後に，**倒産リスク**（Bankruptcy Risk）であるが，これは文字どおり，企業が倒産するチャンスを意味するのであるが，実際に倒産状態にあっても，再建を大前提とした上で大口債権者からの協力が取り付けられれば，救済される可能性もある。したがって，それぞれのリスクの包含関係は，第3.4図に示すようになっていよう。

　さて，コーポレート・ファイナンスで定義される財務リスクとは，これら全てのリスクと共通部分をもつものの，事業リスクとの見合いで定義されたものであるから，第3.4図のような関係で，関連するリスクを通貫するように関わっているとみることができよう。

　以上の議論から明らかなように，割引率の算定には，資本の調達コスト要因のみならず，将来稼得することが予想されるキャッシュフローに付随するもろもろのリスク要因に関するプレミアムも考慮する必要がある。特に，考慮に価するプレミアムは，流動性プレミアムと債務不履行のプレミアムを含む財務リスクに対するプレミアムである。その他のリスク・プレミアム要因の源となるリスクには，例をあげれば，インフレーション・リスク，外国為替レート変動のリスク，カントリー・リスクなどがある。結果として，割引率は，以下の公式で表現できよう。

　　割引率＝（1＋加重平均資本コスト）×（1＋諸リスク・プレミアム）－1

# 4 現金サイクルと運転資本管理

## 4.1 現金サイクル

**資金プールと循環**

　企業行動を応用ミクロ経済学の視点で見るとき，それは，調達した資金を用いて，「ヒト」，「モノ」，「カネ」，「情報」の経営資源を効率よく組み合わせて運用することにより，企業目的を達成しようとする経済主体の活動である，ということができる。コーポレート・ファイナンスは，このうち，とりわけ，企業への「カネ」の流入と流出とに注目して，専ら「カネ」の効率的配分を分析・評価する。

　現金の流出入面での主要な項目としては，まず，現金による製品・サービスからの販売収入が大きなマスとして存する。もちろん，タイムラグをもって，信用販売部分の売上収入がいずれ流入する。しかしながら，相当規模の売上高の増加であれば，運転資本を増強する必要が生じる場合もある。そのために，新たに，借入を起こさなければならないかもしれない。もし，借入が実行されれば，それに伴う支払利子の負担が発生する。もしくは，社債，持ち分型証券，株式の増発が実施されるかもしれない。新規に社債が発行されたり，増資が実行されれば，クーポンの定期的な支払いや現金配当支払いに伴う，企業からの現金流出が起こる。

　そのようななかで，将来へ向けての成長目的で，設備投資を行い，諸々の手段を活用した売上高の増加策，コストの削減策，新製品の上市による売上げの拡大策などにより，企業の資金プールに現金フローが出たり入ったりすることになる。製品の製造，サービスの供給にあたっては，人件費を初めとした各種のコスト支払いが生じるものの，支払先企業がその現金受取りを猶予することにより企業間信用を供与してくれる期間中は，企業外への現金流出は発生しな

い。広告・宣伝費，配送・流通費用の発生が，販売に伴って生じる。

このように，企業には，マーケティング活動，生産活動，販売活動，財務活動等々の諸活動を通して，現金の授受が生じており，それらの現金授受のサイクルが好循環のうちに継続していくことを企業体は企図しているのである。企業に，現金もしくは現金に準ずる資産として保有される流動性のプールは，その源泉が，営業活動を通じてか，資金調達活動を通じてか，あるいは，事業撤退（マイナスの投資）によってかを問わず，投資資金として機能するか，運転資金として機能することになる（第4.1図）。

**資金需要**

急速な資産成長を図る場合，往々にして資金不足に陥る。ベンチャー企業がその急成長期にあって，突如，倒産の憂目に遭う事例は枚挙に暇がない。それら倒産事象の根本原因は，資産成長速度に併せた適時における資金調達額の不足である。現象としては，短期における増加運転資本ニーズに調達資金が対応し切れない結果生じる。すなわち，成長する資産には，たえず同一歩調で，成

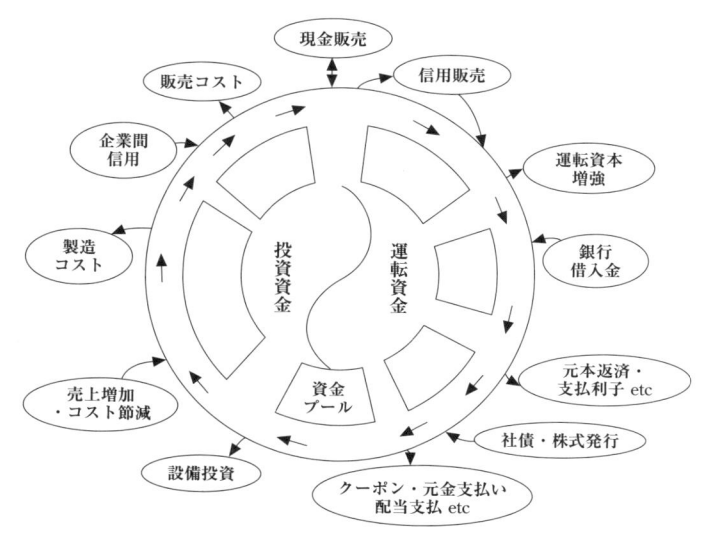

第 4.1 図　投資資金と運転資金

長資産を支えるのに必要十分なだけの，成長のための資金が必要なのである。

まず，資産成長の基本トレンドに沿って，株主資本の充足が図られなければならない。と同時に，基本トレンドの残りの部分を埋めるための中・長期の負債調達も事前に計画される必要がある。これら両者の調達資本は，資産成長の基本的なトレンドには必要不可欠な資本という意味で，**恒常的資本**（Permanent Capital）と呼ばれている。

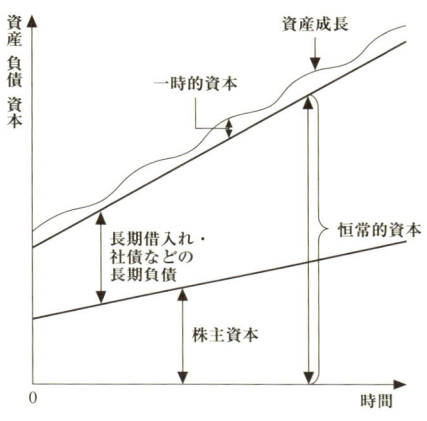

第4.2図　企業成長と資金調達

恒常的資本は，企業に減資など，特別の出来事が生じないかぎり減額することはなく増加し続ける，企業の生存になくてはならない主要な資本部分である。これに対して，短期の資金需要に対応した資本調達部分は，**一時的資本**（Temporary Capital）と呼ばれ，一時的には，総資産が必要とする資本額を恒常的資本と合わさって上回り，短期的資金余剰になりうる。第4.2図から明らかなように，急激な資産成長を図れば，成長の趨勢（トレンド）線の勾配が険しくなり，短期間内に多額の資本を調達する必要に迫られる。よほど，事前に周到な計画を練った上で，予め多額の恒常的資本を準備しておくようにしないかぎり，その成長過程で，一時的資本の欠如を招来するのは必至となろう。

したがって，企業資産の安定的な成長を計画するには，それに相応しい成長速度を選択する必要がある。その結果，調達資本に関する長期および短期における，無理のない成長計画が立てられることとなる。

**運転資本の重要性**

**運転資本**（Working Capital）とは，広義には，**流動資産**（Liquid Assets；1年以内に現金としての流入が予想される資産）から**流動負債**（Liquid Liabilities；1年以内に現金として流出が予想される負債）を差し引いたものである。大部分の日本

企業は，この広義の運転資本はプラスになっており，したがって，売上高が増加するのに伴って，より多くの運転資本を必要とする財務体質になっている。掛けで販売しない，いわゆる，日銭商い業種のなかには，広義の運転資本がマイナスになっている企業が存在する。そのような企業は，売上高が増せば増すほど，短期の余裕資金が豊かになる財務体質になっているわけである。

また，狭義の運転資本とは，売上高との連動性の高い売上債権（売掛金，受取手形など）に棚卸商品などを加えたものから，買掛債務（買掛金，支払手形など）を差し引いたものを意味し，これを**主要運転資本**（Principal Working Capital）といっている。主要という意味は，売上高との高い連動性を指し，具体的には，対売上高比率を取ったときに，その比率が一定値に近いと判断される勘定科目が含められるべきであろう。このように，運転資本は，資産の運用に必要とされる短期の資本であって，流動性管理上，大変重要なものである。

このような資金は，売上高の増加に伴って比例的に必要額が増加すると考えられる。したがって，売上高の増加部分に対応した運転資本がその期ごとに新たに必要となる。急成長途上のベンチャー企業等が，売上増加に伴う運転資本の調達を看過して，黒字倒産の事態を惹き起こすのが珍しくないのは，この運転資本の売上高増加に伴う自然増加効果にほとんど帰着させられよう。

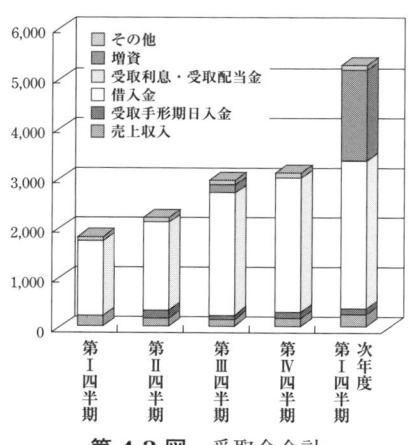

**第 4.3 図**　受取金合計

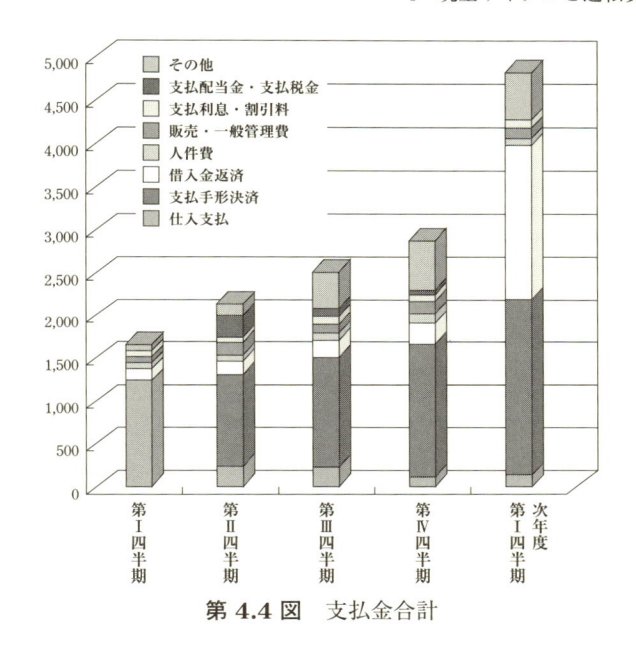

4 現金サイクルと運転資本管理 43

**第 4.4 図 支払金合計**

（凡例）
- その他
- 支払配当金・支払税金
- 支払利息・割引料
- 販売・一般管理費
- 人件費
- 借入金返済
- 支払手形決済
- 仕入支払

**資金繰り**

　企業において，資金の遣り繰り状況がかなり切迫してくると，作成される資金繰り表は，月間ベースよりも週間ベースへ，週間ベースよりも日時ベースへと，徐々にきめ細かくなってこよう。以下に，ある企業の四半期ベースの資金繰り状況を表わしたグラフにより，受取状況，支払状況，ならびに，翌期への資金繰り状況をみてみよう。この資金繰り表に記載されているような状況の推移になれば，流動性の問題は生じないであろうことが予想される。

　資金繰り状況を判断する他の手法に，回転期間差（比率）分析がある。ここで，回転期間差（比率）とは，売上債権と棚卸資産の回転期間から，買掛債務の

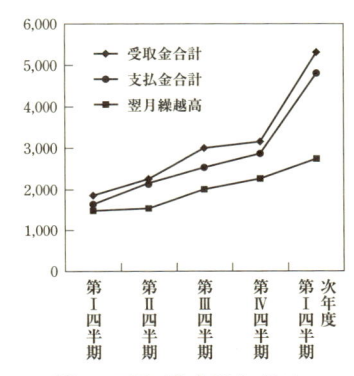

（凡例）
- 受取金合計
- 支払金合計
- 翌月繰越高

**第 4.5 図　資金繰りグラフ**

回転期間を引いた差もしくはそれぞれの対売上高比率の差を算定する。もし，無理矢理な押し込み販売などによる売上高増加であった場合，回転期間差の方も，同時に増加するため，売上高変化と回転期間差変化との両方の変化を観察すれば，単なる売上高の上昇による収益性，成長性の表面的な趨勢に欺かれないで済むことになる。これが，回転期間差（比率）分析の狙いである。

# 5 金融資産の運用・管理

## 5.1 収益性と流動性のバランス問題

**マーコヴィッツによる平均=分散アプローチ**

本章では，一時的保有になる証券の投資，運用，管理の側面における基本的な考え方を，マーコヴィッツによる平均=分散アプローチに依拠して，展開したいと考える。併せて，リスクのある証券保有額とリスクのない現金保有額との最適な保有割合に関しても，平均=分散アプローチからの帰結を得た上で論じることにしたい。

**株式収益率**（the Rate of Return on Equity）とは，一般に，配当利回りに資本利得による利回りを足し合わせた合計で定まる。ここで，配当利回りとは，株式の取得価格に対して配当額のもつ収益率を指し，資本利得による利回りとは，株式取得後における株価上昇による利益を享受した際の利回り概念である。株式収益率の期待値は，株式コストとして用いることができる。

マーコヴィッツにより提唱された**平均・分散モデル**（Mean=Variance Model）は，株式投資からより多くの収益を期待する一方で，株価下落の危険を避けたいと思う投資家にとって，株式銘柄の望ましい組み合わせを求めるための効果的なアプローチを提供した。投資家にとっての収益率指標には，株式収益率の期待値を採り，リスク指標としては，株式収益率の分散（ないしは標準偏差）を採れば，複数の株式銘柄から構成される株式の組み合わせ（これを，株式ポートフォリオと呼んでいる）全体にとっての収益率指標とリスク指標とは，それぞれ，

$$E(\tilde{R}_p) \equiv \sum_{j=1}^{N} w_j \cdot E(\tilde{R}_j)$$

$$\sigma^2(\tilde{R}_p) = \sum_{i=1}^{N}\sum_{j=1}^{N} w_i w_j \cdot Cov.(\tilde{R}_i, \tilde{R}_j)$$

ここで，$w_i$：ポートフォリオ中における$i$銘柄の構成比率
$E(\tilde{R}_i)$：$i$銘柄の収益率の期待値
$\sigma(\tilde{R}_i)$：$i$銘柄の収益率の標準偏差（値）
$E(\tilde{R}_p)$：ポートフォリオの収益率の期待値
$\sigma(\tilde{R}_p)$：ポートフォリオの収益率の標準偏差（値）
$Cov.(\tilde{R}_i, \tilde{R}_j)$：$i$銘柄と$j$銘柄の収益率の共分散（値）

いま，2証券より成るポートフォリオのリスクを考えれば，

$$\sigma^2(\tilde{R}_{p=2}) = w_i^2 \cdot \sigma^2(\tilde{R}_i) + 2w_i w_j \cdot Cov.(\tilde{R}_i, \tilde{R}_j) + w_j^2 \cdot \sigma^2(\tilde{R}_j)$$
$$= w_i^2 \cdot \sigma^2(\tilde{R}_i) + 2w_i w_j \cdot \rho_{ij} \cdot \sigma(\tilde{R}_i) \cdot \sigma(\tilde{R}_j) + w_j^2 \cdot \sigma^2(\tilde{R}_j)$$

ただし，$\rho_{ij}$は，$i$および$j$銘柄の収益率間における相関係数とする。

また，相関係数の定義から$\rho_{ij}$の値は，$-1 \leq \rho_{ij} \leq +1$

もし，両株式銘柄の収益率が完全な正の相関関係にあって，その相関係数が1である場合には，

$$\sigma^2(\tilde{R}_{p=2}) = [w_i \cdot \sigma(\tilde{R}_i) + w_j \cdot \sigma(\tilde{R}_j)]^2$$

となって，標準偏差で測った2証券ポートフォリオ全体のリスクは，各証券のリスクの加重平均値となる。相関係数の値は，その定義により，－1と＋1との間の数値となり，一般に，任意に選ばれた二つの証券銘柄間の収益率が完全な相関関係にあることは極めて稀れと考えられるので，その相関係数は1を下

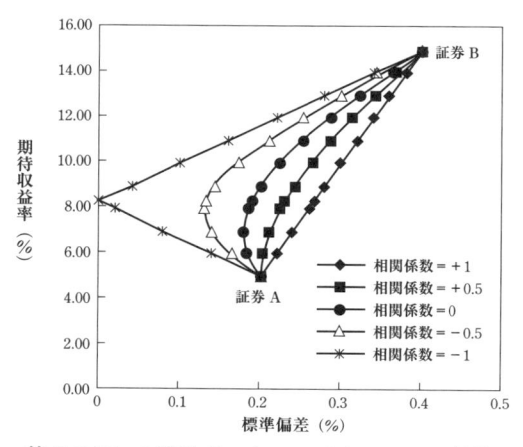

第5.1図　2証券ポートフォリオのM＝V軌跡

回ることになる。それゆえ，2証券ポートフォリオのリスクは，両者のリスクの加重平均値を下回ることとなろう。ポートフォリオに含まれる証券の銘柄数が増しても，同様のことがいえる。まさに，任意の2証券間における収益率の不完全相関関係にこそ，ポートフォリオ編成におけるリスク削減効果が存在するのである（第5.1図）。

複数証券の組み合わせをさまざまに変えてポートフォリオを構築すると，そのリスク削減効果によって，同一水準の期待収益率に対しては，より少ないリスクを，また，同一水準のリスクに対しては，より多くの期待収益率が望めるようになる。所与の選択対象株式グループのなかから，より多くの収益率とより少ないリスクという選択基準に照らして，投資家は最も望ましい株式銘柄の組み合わせを，つぎに定式化される問題を解くことにより得ることができよう。

$$\underset{\{w_i, w_j\}}{Min.} \sigma^2(\tilde{R}_p) = \sum_{i=1}^{N} \sum_{j=1}^{N} w_i w_j \cdot Cov.(\tilde{R}_i, \tilde{R}_j)$$

$$S.T. \ E(\tilde{R}_p) = \sum_{j=1}^{N} w_j \cdot E(\tilde{R}_j) = \bar{R}_p = const.$$

$$\sum_{j=1}^{N} w_j = 1$$

$$w_j \geq 0 \ (i, j = 1, 2, \ldots, N)$$

このように定式化された問題の解として得られる最適なポートフォリオの組み合わせは，すべて，より少ないリスクとより多い収益率という意味で効率的（有効；efficient）なポートフォリオであり，したがって，相異なる効率的ポートフォリオ間の優劣は確定できない。期待収益率を縦軸に，標準偏差を横軸に描かれる図表上の効率的ポートフォリオの軌跡（双曲線になる）は，**効率的（有効）フロンティア**（Efficient Frontier）と呼ばれている（第5.2図）。

株式のみから成る危険資産集合に加えて，標準偏差で測ったリスクがゼロとなる安全資産も投資対象に含まれるとき，効率的フロンティアは，縦軸の安全資産の収益率から出て，効率的フロンティアに接する接点ポートフォリオ（$M$で表わされる）を通る直線（CML）で表現される効率的フロンティアに置き換わる。なぜなら，曲線で示される旧効率的フロンティア上の任意のポートフォ

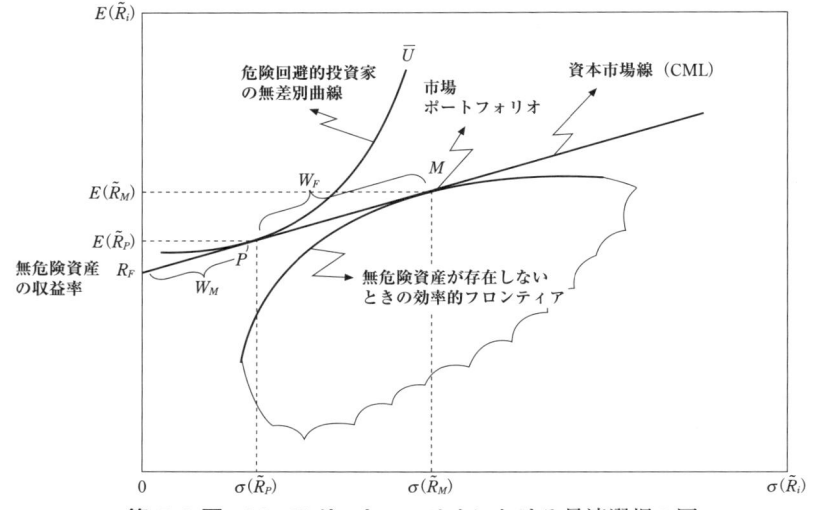

**第 5.2 図** M＝V ポートフォリオにおける最適選択の図

リオよりも，より効率的なポートフォリオを，その新たな効率的フロンティアである直線上に必ず見出すことができるからである。上述の接点ポートフォリオは，**市場（マーケット）ポートフォリオ**（Market Portfolio）と呼ばれている。

また，直線で表わされる新フロンティアは，**資本市場線**（Capital Market Line）といわれており，次式で表現できる。

$$E(\tilde{R}_{ef}) = R_F + \frac{E(\tilde{R}_M) - R_F}{\sigma(\tilde{R}_M)} \cdot \sigma(\tilde{R}_{ef})$$

上式において，資本市場線の勾配を表わしている右辺第2項の $\sigma$ の係数部分は，安全資産収益率を上回る市場ポートフォリオ収益率の超過部分（プレミアム）を市場ポートフォリオのリスクで割った値であり，市場ポートフォリオのリスク一単位当たりの超過収益率を表わしている。この値は，**リスクの市場価格**（Market Price of Risk）といわれている。

**分離定理**

資本市場線は，消費者行動理論でいう予算制約式に相当する。したがって，ポートフォリオ資産の期待収益率とリスクとの2変数で表現された投資家の効

用関数が一定値をとる無差別曲線が，この資本市場線と接する点（Pで示される）において，金融資産への最適なポートフォリオが決定される。

それゆえ，第5.2図からも明らかなように，投資家にとって，①運用対象資産のうち，どれほどを安全資産に投資し，どれほどを危険資産に投資すべきか，という意思決定問題と，②危険資産への投資配分が決まった金額のうち，いずれの銘柄にどれほどの金額を投資すべきか，という意思決定問題とは互いに独立している。すなわち，①運用資産全額を安全資産と危険資産とにどう振り分けるかという問題と，②危険資産投資総額の内，個別危険資産へどう分散投資したらよいかという個別銘柄への投資割合決定の問題とは，分離可能になっている。このことを指して，**分離定理**（The Separation Theorem）と呼んでいる。

いま，安全資産に現金を当てはめ，危険資産に企業の一時的保有になる証券類を考えることにすれば，以上の意思決定問題は，企業が，その保有する流動性をいかに金融資産および現金としての留保そのものとに分割して所有すべきかを定める問題として応用可能であることを認識することができよう。平均＝分散アプローチが流動性管理の問題を包括的に取り扱えないのは，現金をリスクがゼロである資産として扱うことに由来する。このことにより，流動性管理では本質的な現金授受というタイミングの問題がすり抜ける結果になったのである。

# 6 棚卸資産の最適管理

## 6.1 最適在庫管理問題とシミュレーション解

**最適在庫水準**

総費用が最小になる点に対応する在庫水準を最適と考えることで，棚卸資産の最適管理の基礎とすることが可能である。同アイデアを現金在高に適用すれば，第1章で既述したように最適現金保有高水準を理論上求めることが可能である。一番の問題は，過少な現金保有高から発生するペナルティ・コスト関数を推定することにあろう。

以下に在庫に関わる総費用最小化によって最適在庫水準を算出するアプローチを図示しよう。

**在庫変動のシミュレーション**

より具体的な解決法には，シミュレーション・モデル構築によるアプローチが一般的である。理由は，在庫数量を適正に保つ上でのリスクとして，需要量（出荷）の変動が一方にあり，その変動リスクに，いかにタイミングよく在庫量の補充（入荷）を行うかという対処策が重要だからである。一般に，倉庫に搬入され在庫として維持管理される原材料，中間財，仕掛品，製品・商品在庫数量の最適量を求める問題が，最適在庫問題といわれている。在庫がストックされる倉庫には，在庫量の増加となる製品の入荷と，在庫量の減少をもたらす出荷とがある。図示すれば，第6.1図のとおりとなる。

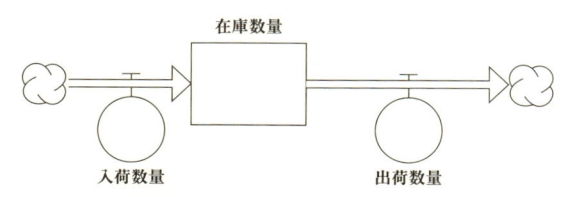

**第 6.1 図**　在庫の定義

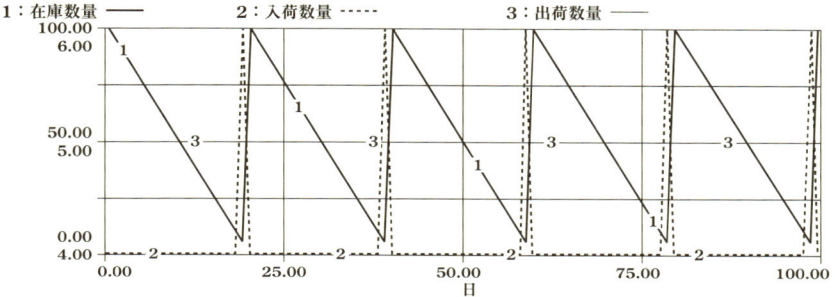

**第6.2図** 固定需要に対する在庫変動のシミュレーション図

在庫量の増加関数である在庫費用関数と，在庫量の減少関数であるペナルティ費用関数を推定して，それらの合計コストを見積もることなく，第6.2図で表わされるような在庫システムにおいて，シミュレーションを実行することにより，最適在庫量を割り出すことが可能になる。在庫の初期数量が100個で，毎日，5個の出荷があると仮定しよう。そして，製品在庫切れとなる20日目の寸前に100個の入荷があるとするならば，変動する在庫数量は，シミュレーションにより，第6.2図のような動きを示すこととなろう。

第6.2図中で，実線で表示された鋸の歯のような時系列が，在庫数量の推移を表わす。同図中のほぼ真ん中を水平に横切っている直線が，毎日の5個の出荷量を示している。19日目と20日目との間に，瞬時にして在庫量を100個まで積み増している破線の錐状の線が，入荷量を表わすパルス（Pulse）関数である。つぎに構造式体系を示しておく。

在庫数量$(t)$ ＝ 在庫数量$(t-dt)$ ＋ （入荷数量 － 出荷数量）$*dt$

初期値：在庫数量 ＝ 100

インフロー：入荷数量 ＝ PULSE(100, 19, 20)

アウトフロー：出荷数量 ＝ 5

**経済発注量について**

最適在庫の議論には，必ず，**経済発注量**（Economic Order Quantity, EOQ）が出てくるので，つぎに説明しておくこととしよう。

例として，部品 1 個につき 1 年間で 100 円の保管費用が掛かり，製品の発注に関しては，その発注数量とは無関係に，1 回の発注にあたって 500 円かかるものとする。毎回の発注数量は一定数量で，これを $X$ 個とする。納入に要する期日は 10 日とし，1 年間の稼働日数を簡単化のために。200 日としておく。すると，年間管理費用を最小化しようとする時の毎回の一定発注数量は，以下の式展開で明らかになるように，100 個である。年間管理費用を最小化するという観点に立ったとき，最も経済的に有利な発注量は，100 個であるという結論を得る。

**前　提**

保管費用（$IC$）：部品 1 個につき年間 100 円

発注費用（$OC$）：数量に関係なく 1 回につき 500 円

部品需要：1 日につき 5 個

毎回一定の発注量を $X$ とする。

1 年を 200 日とする。

$$年間管理費用(TC) = 総発注費用 + 総保管費用$$

$$= \left(\frac{年間所要量}{X}\right)OC + \left(\frac{X}{2}\right) \times IC$$

$$\frac{d(TC)}{dx} = -\frac{年間所要量 \times OC}{X^2} + \frac{IC}{2} = 0 \quad より,$$

$$X^* = \sqrt{\frac{2 \times 年間所要量 \times OC}{IC}} = \sqrt{\frac{2 \times 1000 \times 500}{100}} = 100 (個)$$

在庫の補填方法には，大別して，減少する在庫がある一定数量に到達した時点（これを発注点という）で，毎回一定数量ずつ発注する方式と，一定間隔をおいた期日が到来したならば，その都度，変わる必要量を発注する方式が考えられる。前者は定量発注方式，後者は定期発注方式と呼ばれている。

**定量発注方式**

第 6.3 図に，定量発注方式のステラ・モデルが表示されている。縦線の入ったストック記号は，コンベイヤーといわれ，コンベイヤー上で，ある一定の時間が消費される。ここでは，製品を発注してから，入庫するまでのリードタイ

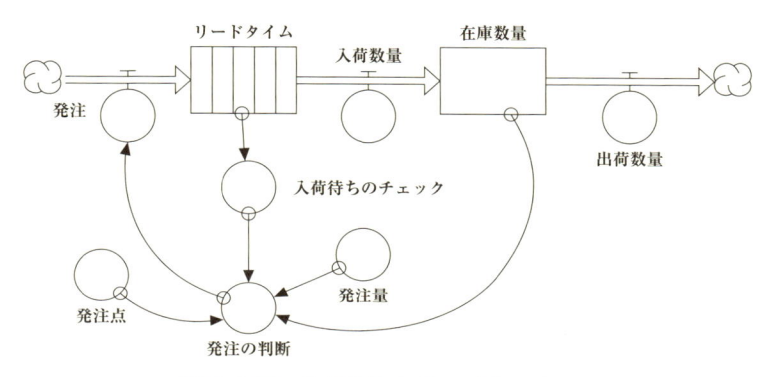

**第 6.3 図** 定量発注方式のダイアグラム

ムを表わすために，コンベイヤーが使われている。

本プログラム例においては，出荷数量は期待値 5 個，分散 1 個の正規分布に従うとした。これから，最適発注点を求める。1 日当たりの出荷需要は $N(5, 1)$ の確率分布に従い，リードタイムは 10 日なので，10 日間における出庫需要の確率分布は，$N(10\times5, 10\times1)$ の正規分布となる。在庫切れの確率を 5% 以内に止めることを考えるならば，標準正規分布より 5% ポイント点は，1.64 であることがわかるので，

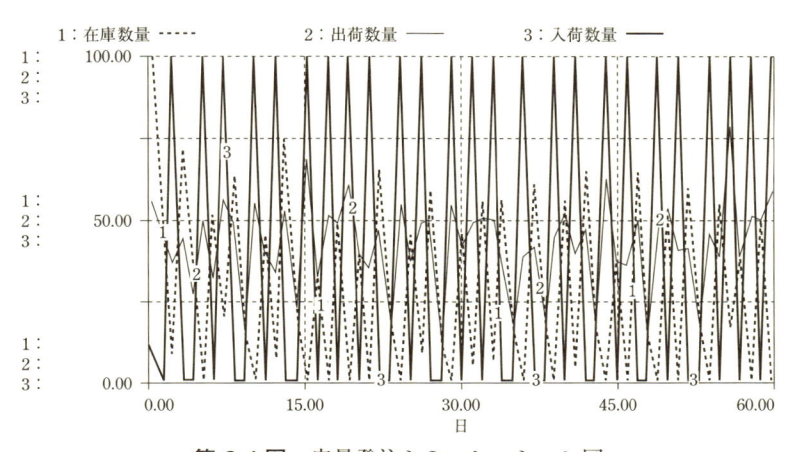

**第 6.4 図** 定量発注シミュレーション図

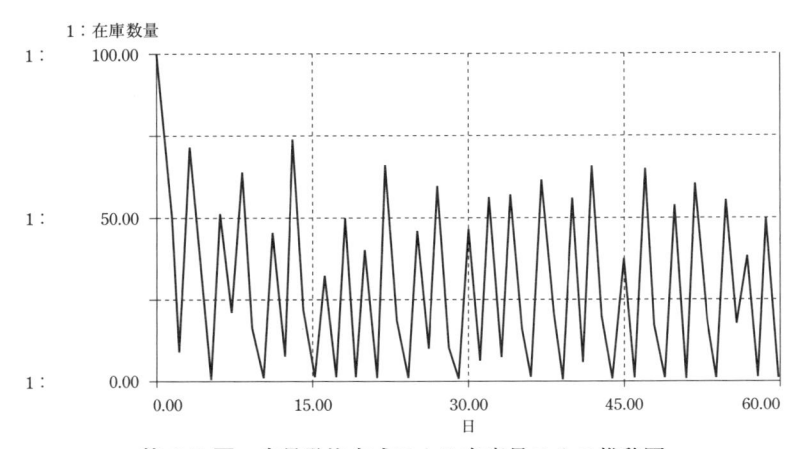

第 6.5 図　定量発注方式による在庫量のみの推移図

$$1.64 = \frac{ODR - 50}{\sqrt{10}}$$

より，最適発注点（ODR）は約 56 個と計算されるので，シミュレーションの結果，＃1 の破線の鋸歯状グラフで示された在庫数量の変化を眺めてみると，期間中，在庫切れになる事態は招来していないようである。もし，絶対に在庫切れを起こしてはいけないのであれば，もう少し，下駄を履かせて，安全のための在庫水準をプラスしておけばよい。

折れ線が錯綜しているので，在庫水準の動きをだけをみるために，時系列を一本化した第 6.5 図上で示しておく。

**定期発注方式**

定期発注方式では，予め先決めしておいた一定間隔の期日ごとに発注をかけるが，発注の都度，その発注数量は変化することになる。そのため，最大安全在庫量を求めておく必要がある。既に，いままでの計算過程で明らかなように，経済発注量が 100 個，年間平均需要量が 1,000 個だから，最適発注回数は 10 回と計算することができる。したがって，最適発注間隔は 20 日となり，それに，リード・タイムの 10 日を足して，30 日間の出庫需要についての正規確率分布 $N(30 \times 5, 30 \times 1)$ を考えることになる。定量発注方式の場合におけるの

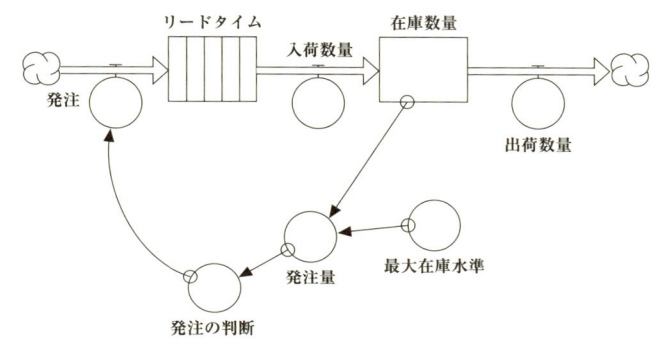

**第 6.6 図** 定期発注方式のダイアグラム

と同様，標準正規確率分布における 5％ポイントの数値 1.64 を用いて，

$$1.64 = \frac{Max - 150}{\sqrt{30 \times 1}}$$

これを解いて，最大安全在庫水準を約 159 に設定すればよいことがわかる。発注量は，この 159 個から定期発注時における在庫数量を差し引いた数量にすればよい。

リードタイム$(t)$ = リードタイム$(t-dt)$ + (発注 − 入荷数量)$^*dt$
初期値：リードタイム = 0
  輸送時間 = 10
  インフロー限界 = ∞
  容量 = 159
インフロー：
発注 = 発注の判断
アウトフロー：
入荷数量 = コンベアのアウトフロー

在庫数量$(t)$ = 在庫数量$(t-dt)$ + (入荷数量 − 出荷数量)$^*dt$
初期値：在庫数量 = 50
インフロー：
入荷数量 = コンベアのアウトフロー
アウトフロー：
出荷数量 = NORMAL(5, 1)

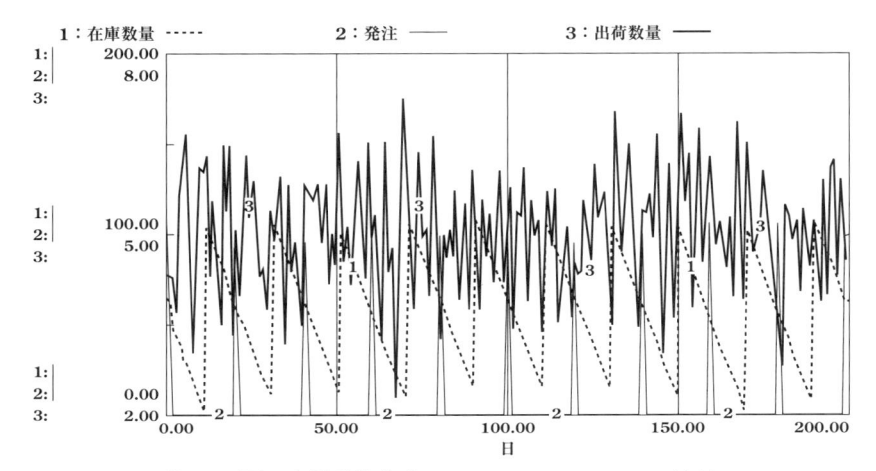

**第 6.7 図** 定期発注方式によるシミュレーション結果

最大在庫水準 = 159
発注の判断 = IF(mod(time, 20) = 0) then 発注量 else 0
発注量 = 最大在庫水準 − 在庫数量

　第 6.7 図からみてとれるように，毎 20 日ごとに，最大在庫数量とそのときの在庫数量との差を発注することにより，このシミュレーション・サンプル事例では，在庫切れを生じることなく順調に進んでいることがわかる。
　以上にみられたように，現金管理についても，手元現金在高を一種の在庫量とみなすことにより，本章で展開されたようなシミュレーション・アプローチを採ることで，最適な現金管理を図ることができよう。在庫に関わるコスト関数の推定という困難な作業を回避できる一方，最適在庫量に影響を与える新たな要因の出現にあたっても，シミュレーション・モデルの若干の手直しにより，ただちに新たな流動性在庫システムに対応した最適在庫量を求めることができる。

# 7 実物資産に関わる投資意思決定

## 7.1 割引キャッシュフロー法

現行のコーポレート・ファイナンスにおいて，学界標準となっている資産価値の評価方法は，**現在価値法**（Present Value Method）である。

現在価値法とは，当該資産（ストック量）を効率よく運用することで，将来稼得可能と考えられる収益フローの予想流列を適切な割引率で割り引くことにより，現時点における評価額を得て，もって当該資産の価値評価額とする考え方である。

すなわち，毎期の割引率が不変と仮定して式で表現すれば，

$$資産の総現在価値 = \sum_{t=1}^{T} \frac{現時点における将来（t 期の）収益フロー期待値}{(1 + 割引率)^t}$$

この現在価値法は，より広範に**割引キャッシュフロー法**（Discounted Cash flow Method）と呼ばれている評価法族のなかの一技法である。

つぎに，現行のコーポレート・ファイナンスにおいて，支配的な分析用具となっている割引キャッシュフロー法を解説することにしよう。割引キャッシュフロー法とは，将来キャッシュフローの割引現在価値概念を用いることにより，投資（もしくは資金調達）の意思決定に使用する方法である。割引キャッシュフロー法のなかには，①**純（正味）現在価値法**（Net Present Value Method），②**内部収益率**（the Internal Rate of Return）**法**，③**現在価値指標**（Present Value Index）**法**，④**現在価値化済み回収期間**（Present Valued Payback Period）**法**，⑤**投資収益率**（Return On Investment, ROI）**法**の諸方法があり，その手法によって，投資の評価対象分析断面に特徴が認められる。

しかしながら，そのいずれもが現在価値概念に基づく判定指標を形成していること，また，④の現在価値化済み回収期間法を除いて，当該案件の諾否の向

きを示すスクリーニングの機能を果たしていることは共通である。

**純（正味）現在価値法**

①の純（正味）現在価値法は，投資の結果，将来に期待される収益フロー純額の割引現在価値の総合計額（**総現在価値**，Gross Present Value, GPV）から投資に用いた費用であるところの，通常は初期投資金額を差し引いた差額（**純現在価値**，Net Present Value, NPV）が，プラスの値を取れば，投資の純（正味）収益額が正なのであるから，それは儲かる投資案件と判断して，実行することが望ましいとする，判定基準を用いる篩の一種なのである。

これを，定式化しておけば，以下のようになる。

$$NPV \equiv \sum_{t=1}^{T} \frac{E_{t=0}(\widetilde{ICF}(t))}{\prod_{\tau=1}^{t}(1+\rho_w(\tau))\cdot(1+\delta(\tau))} - I_0 > (\leqq) 0 : \{諾(否)\}$$

この純現在価値法は，投資から得られると期待される純収益の金額規模の正負をその判断基準とする。

**内部収益率法**

これに対して，投資の損益分岐点に対応する収益率に判断の基準を求めるのが，内部収益率法である。上の公式でいえば，NPVをゼロとおくことにより，投資に関する損益分岐点収益率を求め，その水準が企業の定める投資の**切捨て率**（Cut-off Rate）を上回るならば，純収益の出る投資と判断する投資尺度である。この手法が当初に登場した頃は，投資に関する損益分岐収益率と呼ばれていたが，その後，内部収益率（IRR）という呼称を得た。

内部という意味は，投資プロジェクトで対象となるキャッシュフローは，あくまでその内部に留まり，プロジェクトの外部との資金の遣り取りを前提しないということであり，プロジェクトのなかだけで損益分岐点レートという最高利で運用した場合の収益率を指す。

内部収益率を求める評価式は，つぎのとおりになる。

$$NPV = 0 = \sum_{t=1}^{T} \frac{E_{t=0}(\widetilde{ICF}(t))}{(1+内部収益率)^t} - I_0$$

内部収益率＞切捨て率（＜＝切捨て率）：｛諾（否）｝

いま，《$-100(t=0)$，$40(t=1)$，$50(t=2)$，$60(t=3)$》という現時点から3期先にわたるキャッシュフロー流列を想定して内部収益率を計算すれば，その値は21.65％となる。そのとき，切捨て率が10％であれば，21.65％という内部収益率水準は切捨て率水準を上回っているので，この投資案件は，実行すべきであるという判定結果となる。同様にして，10％の切捨て率水準に対応している純現在価値額は，¥22.75となっており，その値は正であるので，純現在価値基準に照らしても，この投資案件は実施に価するという結果を指し示している（第7.1図）。

なお，非常に複雑なキャッシュフローで，その符号の正負が何度も反転する場合，内部収益率の値が一意でなく，複数解になり，時として，その範囲が虚数域に及ぶこともありうる。しかし，純現在価値が正値から負値に変わる損益分岐点のみを対象にすれば，妥当な解は自ずと明らかになろう。それよりも，期ごとのキャッシュフローの符号が猫の目のように変わる場合，それが，投資プロジェクトのキャッシュフロー流列になっているのかどうかをチェックすることの方がより重要であろう。投資キャッシュフローあるいは資金調達キャッシュフローとして意味をなさないキャッシュフローの損益分岐点を，ただ機械的に求めてしまうようなことがないように注意すべきである。

**現在価値指標法**

つぎに説明するのは，現在価値指標法である。ここで，現在価値指標（PVI）とは，総(粗)現在価値額を初期投資金額で除した商であって，その値が1を上回っていれば投資収益が初期投資金額を回収して余りあることを示すこととな

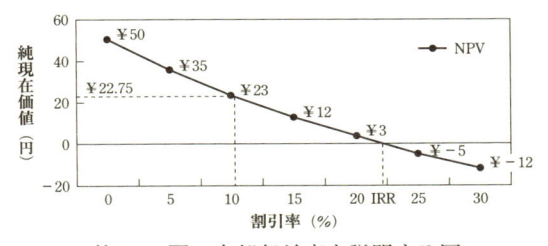

**第7.1図** 内部収益率を説明する図

り，したがって，投資を実施すべきであると判断する判定法である。反対に，その値が1を下回るような場合は，投資収益が純額評価でマイナスとなるので，投資をすべきでないと判定する。その定式化はつぎに示すようである。

$$PVI \equiv \frac{\sum_{t=1}^{T} \frac{E_{t=0}(\widetilde{ICF}(t))}{\prod_{\tau=1}^{t}(1+\rho_w(\tau))\cdot(1+\delta(\tau))}}{I_0} > (\leqq) 1 : \{諾(否)\}$$

上掲のキャッシュフロー数値例を当てはめれば，その現在価値指標は122.75％となり，1を0.2275上回ることがわかるので，投資案件は，実行されるべきとの結果を得ることになる。

**現在価値化済み回収期間法**

4番目の現在価値化済み回収期間とは，いわゆる，通常の回収期間ではなくて，投資回収キャッシュフローを現在価値ベースに直した上での，回収期間概念である。投資から将来もたらされる収益フローの現時点への割引価値の累積金額が，初期投資金額をちょうど回収しきる将来時点を示す投資判断のための尺度であるが，回収期間後における収益フローを無視することになるため，収益性指標としては致命的ともいえる短所を有する一方で，他の評価指標にはない，投下資金回収の早さを示すことで，流動性への考慮が反映している，独特の評価尺度といえよう。下記の公式において，純現在価値が負から正に変わる最短の時期を求めることになる。

$$NPV = \sum_{t=1}^{T=?} \frac{E_{t=0}(\widetilde{ICF}(t))}{\prod_{\tau=1}^{t}(1+\rho_w(\tau))\cdot(1+\delta(\tau))} - I_0 > 0$$

同上の例を用いれば，年間を通じて平準化されたキャッシュフローを前提にした計算の結果，現在価値化済み回収期間は，29.94ヵ月，約2年6ヵ月という値となる。判断基準は，早ければ早い程好ましいということではあるが，企業が想定する回収期間，例えば，「回収の目途を7年以内とする」というような基準に照らして判断されるものであろう。投資プロジェクトの評価に，流動性への明示的な考慮が全くない場合，回収期間概念は，そのような配慮を多少は補うことのできる性格をもつ基準指標である。

7 実物資産に関わる投資意思決定 61

**投資収益率**

最後に，分母に初期投資金額，分子に純現在価値をとった，投資に対する収益の戻りに関する極めて自然な効率性指標である，**投資収益率**（Return On Investment, ROI）について述べよう。投資収益率については，会計上の ROI として，分子に種々の利益概念，分母に当初投資額をとった当初投資額収益率や，同じく分母に期中の平均残存投資額をとった平均投資額収益率，また，コーポレート・ファイナンスでは，前出の損益分岐点性が付与された内部収益率などが存する。しかし，ここに定義される ROI が，現在価値概念に即し，かつ，損益分岐点性等の性質をもたない自然な収益率概念である。定式化では，

$$ROI \equiv \frac{\sum_{t=1}^{T} \frac{E_{t=0}[\widetilde{ICF}(t)]}{\prod_{\tau=1}^{t}(1+\rho_w(\tau))\cdot(1+\delta(\tau))} - I_0}{I_0} > (\leq) 割引率:\{諾(否)\}$$

また，この ROI と PVI との関係は，それぞれの定義式より明らかなように，

$$ROI = PVI - 1$$

である。以上，割引キャッシュフロー法に分類される5つの方法は，同一の現在価値概念を用いた分析枠組みのなかで，何を未知数として扱うのかによって，その違いが生じている。

**割引キャッシュフロー法族の意味**

下記の公式において，NPV を未知数とするのが，純（正味）現在価値法であり，割引率を未知数とするのが，内部収益率法である。現在価値指標は，左辺の引き算の代わりに，割り算の答えを出すことであり，さらに，その答えから1を引けば，投資収益率が求められる。

$$\sum_{t=1}^{T} \frac{E_{t=0}[Cashflow(t)]}{(1+discount\ rate)^t} - I_0 \equiv NPV$$

上式において，右辺の NPV が初めて負値から正値に変わる最小の期間（T）を求めれば，それが，現在価値化済み回収期間となるのである。このように，5つの手法のいずれもが，その求める未知数が違うだけで，皆，現在価値という同一の分析枠組みに入っているとともに，そのそれぞれは，プロジェクト選

択に際して特定の性質に注目したスクリーニングとしての機能をもつにしか過ぎない。すなわち，Aプロジェクトの方が，Bプロジェクトよりも望ましい（採択されるプロジェクト間における相対的な優劣に関する好ましさ）という判定は，これら5つの選択基準からは決して帰結されないことに特に留意する必要がある。

**平均コスト vs. 限界コスト**

　割引率の要素を成す資本コストに関して，今までのところでは，加重平均資本コスト概念を用いた議論をしてきた。しかし，特定の投資プロジェクトに限定された調達資本のコストは，必ずしも加重平均資本コストと合致しているとは限らないのが普通であろう。その場合，代替的な考えとして，意思決定対象プロジェクトの実行に固有の，いわば，限界的な資本コスト概念を使用した方が妥当な判断になるのであろうか。現在までのところ，この種の疑問に対する最終的な解答は，コーポレート・ファイナンスでは，未だ十全に用意されてはいない。

　しかしながら，限界資本コスト概念を使用して，プロジェクト選択を考慮する場合，今度は，プロジェクトの選択を評価する際の順番が大きな問題となる。なぜならば，あるプロジェクトを実施すべしという判断がなされる場合，その決断によって，加重平均資本コストの値は変更を受けており，個別プロジェクトの採否という部分最適化問題の答えと，企業の外部資本調達コスト最小化という全体最適化問題の答えとが整合しているかどうかの検討がなされない。部分最適化と全体最適化とを結びつけるために，限界資本コスト水準の変更時に，加重平均資本コストも即時更新するようにしてさえも，選択評価における順番の問題は依然として残る。さらに，選択評価にあたっての順番問題を正面から解決するためには，流動性の管理という問題を明示的に取扱う必要が生じる。その視点からすれば，加重平均資本コスト概念の使用には，流動性を考慮しなくて良いからという，余り明確とはいえない暗黙の事由がついているのではないかと，考えられる。

　本節の最後に，割引キャッシュフロー法の資金調達プロジェクト評価への応

用について触れておきたい。通常は，論じられることの稀な事柄なので，その立論を考察することによって，投資案件での適用法についてもいっそう深い理解が得られることと考える。

そこで，いま《+300（$t=0$），－120（$t=1$），－120（$t=2$），－120（$t=3$）》なる元利均等返済型の３年ものの資金調達プロジェクトを想定してみよう。この場合，資金調達コストとして，通常，用いられる最終利回り（いわゆる内部収益率）の値，9.7％と比較されるべき数値は，企業の設定している割引率が適切なのであろうか。それとも，資本コストなのであろうか。はたまた，総資産収益率（ROA）との比較が資産価値増加にとって有意味なのであろうか。意思決定基準の貸方・借方双方での同型性に照らせば，この場合，借方である資産構成がもつ総体的な収益性指標である，総資産収益率を基準指標として採用すべきであると考える。

なお，この点に関する詳細な議論は，最終章において展開する。

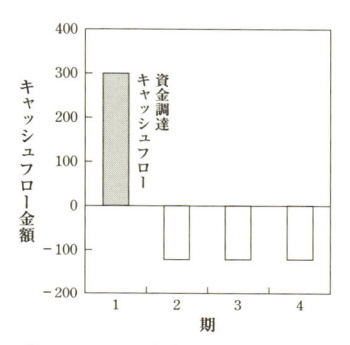

第7.2図　資金調達プロジェクトの場合

## 7.2　リアル・オプション評価法

### リアル・オプションと金融オプション

**リアル・オプション**（Real Option）とは，不確実性下において，経営陣による意思決定に関わる選択の可能性を考慮に入れた上での，実物資産を評価する方法である。リアル・オプションには，**プット・オプション**（Put Option）または**コール・オプション**（Call Option）の単独型であるところの**単純オプション**（Simple Option），また，プット・オプションとコール・オプションとの同時組み合わせをする**切替えオプション**（Switching Option），それから，オプションに基づくオプションである**複合オプション**（Compound Option）の三種類がある。単純リアル・オプションには，「延期」，「拡張」，「縮小」，「廃棄」，「成長」な

**第 7.1 表** リアル・オプション vs. 金融オプション

| リアル・オプション | 金融オプション |
|---|---|
| 原資産からのキャッシュフローがヘッジの対象であり，予測が必要 | 原資産収益情報は市場データから入手可能 |
| 満期が長い | 満期が比較的短い |
| 経営陣による意思決定の柔軟性（戦略）を評価に含む | 原資産価格はコントロール不可能で，オプションからの影響も皆無 |
| 評価対象の資産がユニークである | 類似の資産を見つけ出すことも可能 |

どを対象としたオプションがある。例えば，工場設備の拡張投資を今期に実施するのか，それとも，景気状況を見守りながら，来期以降に実施する機会を探し求めるのかという，投資実行時点の将来選択可能性を意思決定時に勘案することのできるオプションを延期オプションという。

リアル・オプションがもつ金融オプションとの主たる相違点は，まず，第一に，評価対象である実物資産の一意性にあろう。近接する海底油田であっても，二つとして同じ油田は存在しないのである。その特徴の第二としてあげられるのは，リスク・ヘッジの対象が実物原資産からのキャッシュフローであるため，当該キャッシュフローの，ある程度精確な予測が不可欠な作業となる。最後に，経営陣による選択の可能性を実物資産評価に組み入れることができるという事実である。このことは，決定樹分析からいえば，それぞれの状況に依存した将来戦略としての対応を，投資案件評価に含めることが可能であるということである。

さて，つぎにリアル・オプションの事例として，新人歌手をレコード・デビューさせるプロジェクトの場合について考察してみよう。まずは，投資案件Ⅰとして，小アルバムを出すことを考える。理由は，その売れ行きにリスクが存在するからである。投資案件Ⅱは，そのリスクを覚悟で，本格的な作品集を出すことである。最後が，この投資案件Ⅱをリアル・オプション化した上で投資案件Ⅰと一本化する案件であり，具体的には，まず，小アルバムを出してみて，その売れ行きが成功であることを確認した後に，続いて本格的な作品集の制作・販売の決定をするという二段階投資である。以下に投資案件Ⅰおよび投資案件Ⅱの図解を示す。

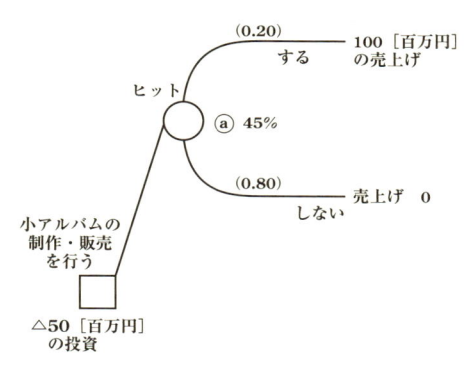

**第 7.3 図　投資Ⅰの図解**

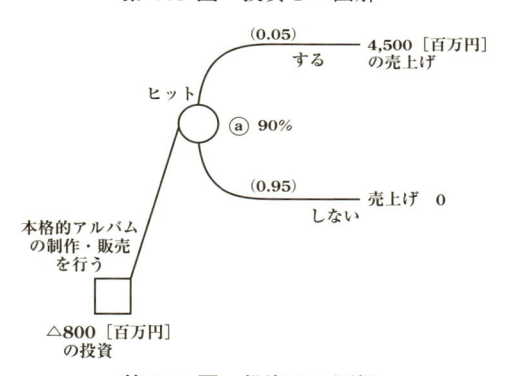

**第 7.4 図　投資Ⅱの図解**

投資案件ⅠおよびⅡについて，それぞれの正味現在価値を計算したところ，そのいずれもが，マイナスの値となり，実施に価しないという判定となる。つぎの計算を参照のこと。

**投資Ⅰについての純現在価値計算**

$$NPV = \frac{100 \times (0.20) + 0 \times (0.80)}{1 + 0.45} - 50$$

$$= \frac{20}{1.45} - 50$$

$$= -36.207 < 0$$

純現在価値基準では，投資しないほうが良い。

**投資Ⅱについての純現在価値計算**

$$NPV = \frac{4{,}500 \times (0.05) + 0 \times (0.95)}{1 + 0.90} - 800$$

$$= \frac{225}{1.90} - 800$$

$$= -681.579 < 0$$

純現在価値基準では，投資しないほうがよい。

しかしながら，小アルバムのヒットという事実が判明した後に，本格的なアルバムを販売する場合には，既にヒットという事実がある分だけリスクが低減しており，その分，大アルバムがヒットする確率が高まっている。この関係を考慮するためには，ベイズの公式を援用する必要がある。ベイズの公式とは，過去におけるデータベースと特定の事象に関する生起した事実から事前確率を再算出する際に有用な公式である。

所与の確率空間（$\Omega$，$\Lambda$，$P[\cdot]$）において，$B_1$，$B_2$，$\cdots$，$B_n$ が $\Lambda$ での相互に共通部分をもたず，かつ，$\Omega = \bigcup_{j=1}^{n} B_j$ で $P[B_j] > 0$ の部分集合ならば，$P[A] > 0$ なる全ての $A \in \Lambda$ に対して，

$$P[B_k | A] = \frac{P[A | B_k] P[B_k]}{\sum_{j=1}^{n} P[A | B_j] P[B_j]}$$

いま，7月21日に梅雨明け宣言がなされたとして，本当に7月21日には，梅雨が明けていたのかどうかを判定するとしよう。事例で必要なデータは第7.2表に示されたものである。

過去の気象データベースから，7月21日に梅雨明け宣言があって，実際にも，その日には，梅雨が明けていたことは90％であったことを知ることが可能であるとしよう。反対に，当該日に梅雨明け宣言はなかったとともに，実際

**第7.2表** 梅雨明け宣言の例

| 気象宣言<br>気象情報 | $X_1$<br>梅雨明け宣言あり | $X_2$<br>梅雨明け宣言なし | 事前確率<br>7月21日現在 | 事後確率 |
|---|---|---|---|---|
| $\theta_1$：梅雨明け | 90% | 10% | 40% | ? |
| $\theta_2$：梅雨の最中 | 30% | 70% | 60% | 1 − ? |

にも，その日は，梅雨の最中であった確率が70%であることもわかっているとしよう。また，7月21日に梅雨が明けていた事前確率は40%であるとすると，第7.2表で計算できるように，梅雨明け宣言のあった7月21日が梅雨明けの日である確率は約66.7%と計算される。

**ベイズ公式の応用例における事後確率の計算**

$$? = P(\theta_1 | X_1)$$
$$= \frac{P(X_1|\theta_1)P(\theta_1)}{P(X_1|\theta_1)P(\theta_1) + P(X_1|\theta_2)P(\theta_2)}$$
$$= \frac{(0.90)(0.40)}{(0.90)(0.40) + (0.30)(0.60)}$$
$$= \frac{0.36}{0.36 + 0.18} = \frac{2}{3}$$

同様にして，本例にベイズの公式を適用すれば，小アルバムがヒットした事実が明らかになった時点での本格的なアルバムのヒットの可能性は，96.07%となる。若干の前提をおいて，計算した結果，その純現在価値は，167.29となり，実行に価する案件との判定を得ることになる。

**投資Ⅲについての純現在価値計算**

$$NPV = \frac{0 \times (0.80) + \left[100 + \left\{\frac{4{,}500 \times (0.9607) + 0 \times (0.0393)}{1 + 0.90}\right\} - 800\right] \times (0.20)}{1 + 0.45} - 50$$
$$= \frac{20 + 295.068}{1.45} - 50$$
$$= 167.29 > 0$$

純現在価値基準では，投資を実行すべきである。

以上の例示で明らかなように，リアル・オプションの分析対象は，常識的な無危険利子率が成立するような領域における場合，よほど高い成功確率が期待されないかぎり，投資すべきでない経営事象の考察である。そして，そのなかで，経営陣による将来における状態依存型意思決定選択肢（経営戦略）を実物資産への投資価値として，その純現在価値を評価尺度とするものである。

樹形図による分析が応用可能な範囲であれば，毎期一定となる無危険資産収

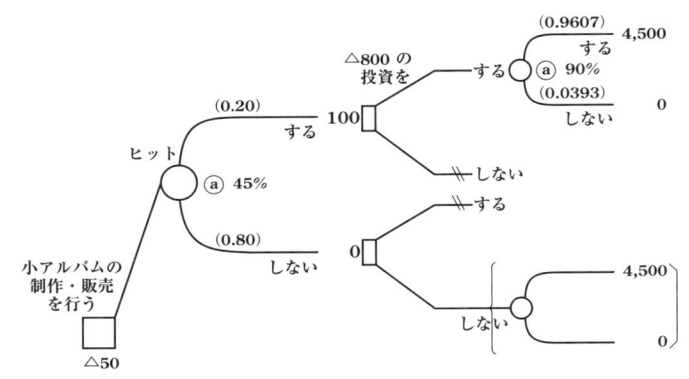

第 7.6 図　投資 III の図解

　益率が存在しなくても，また，金融オプションのように，$n$ 項過程が前提とされなくても，評価可能になることが重要である。したがって，非常に複雑で現実的な案件であっても，多くのフレキシビリティを容認した上で評価できる用具を提供しているのである。その意味で，いろいろな種類のリスク，もしくは，狭義の不確実性，また，それらの複雑な絡まりも，樹形図表現さえ得られれば，分析のスクリーニングに掛けることが可能になるのである。なお，リアル・オプション研究家の一部に，決定樹分析は，オプション分析アプローチの代替足り得ず，それらは，相互に補完的なものとの指摘がなされている。

　私見では，そのような見方は，決定樹分析における偶然事象の分岐点と，意思決定による分岐点との判別の曖昧さから発生しているのではないか，と考えられる。

# 8 総資産価値の評価

## 8.1 資産価値評価法としての現在価値法

**M＝M 仮説：第Ⅰ命題**

いま，総和を表わす $\Sigma$ および累乗を表わす $\Pi$ の記号を用いて，現在価値法の評価式を再度，表現すれば，それは，

$$\text{資産の価値} = \sum_{t=1}^{T} \frac{t\text{期におけるキャッシュフローの期待値}}{\prod_{\tau=1}^{t}(1+\tau\text{期の資本コスト})\cdot(1+\tau\text{期のリスク・プレミアム})}$$

ここで，企業価値評価に関連して，M＝M 仮説第Ⅰ命題を明示しておこう。M＝M 仮説第Ⅰ命題とは，「個別企業にとって，最も好ましい負債比率は存在するのか」，また，「もし，存在するとすれば，何％が適当なのか」，というコーポレート・ファイナンス上，重要な問題に対する秩序だった理論の進捗を図るための出発点として提示された理論である，と見ることができる。その第Ⅰ命題では，「企業価値は，その資本構成とは独立に決まる」，という主張が展開される。この第Ⅰ命題の解題のためには，**リスク**と**不確実性**との区別，および，**事業リスク**と**財務リスク**との峻別が必要なので，以下，その説明にあてよう。

リスクとは，すでに述べたように特定の確率分布をもって把握可能な不確実性であり，そうでないものを狭義の不確実性として区分する，フランク・ナイト（Frank Knight）博士による定義が踏襲されてきている。日本国民一般にとって，第一次オイルショックの事態は，初めての経験であったため，それは狭義の不確実性であったが，第二次オイルショック時の苦難は，類似の原油危機を既に体験済みの国民にとっては，リスクであったと見なすことができる。この例のように，確率分布で把握可能か否かによって，リスクと見なされたり，狭義の不確実性に分類されたりするのである。また，無借金（株主持ち分100％）経営の企業が営む事業からのキャッシュフローに随伴するリスクを事

**第8.1表** M=M仮説第I命題の証明：ホームメード・レバレッジによる裁定①

|   | $U$企業（売り） | $L$企業（買い） |
|---|---|---|
| 投資期 | $\alpha V_U$ | $\alpha V_L + \alpha D$ |
| 収益額 | $\alpha X$ | $\alpha(X-rD) + \alpha rD = \alpha X$ |
| 収益率 | $X/V_U$ | $X/V_L$ |

業リスクと呼び，資本構成に外部負債を導入すること以外，企業の総資産規模をはじめとした状態を一切変更しない場合に想定される当該事業からのキャッシュフローに伴うリスクの増加部分のみが，財務リスクと呼ばれている。

いま，法人所得税が存在しない場合を想定して，外部負債を資本構成中に有しない企業を，$U$（Unlevered Firm の意）で，また，外部負債を持っている企業を，$L$（Levered Firm）で表わすことにする。すると，借入のない企業の価値の方が，借入のある企業の価値よりも高い場合，$U$企業の株式を売却すると同時に，$L$企業の株式を購入および，$L$企業株式の購入で余った余剰資金を$r$の金利で運用するというポートフォリオ編成（これを，ホームメード・レバレッジという）を投資家が実行することにより，第8.1表のとおり，同一水準の$\alpha X$なる収益額を獲得できるので，より高い収益率が享受可能となる。この$U$企業株式の売りと，$L$企業株式の買いによる裁定のプロセスは，両社の収益率が等しくなり（$V_U = V_L$）両企業の株価がついに同一水準になるところまで続くであろう。

反対に，$U$企業の価値よりも，$L$企業の価値の方が高い場合は，$L$企業の株式を売却して得た資金に$r$の金利で借入れた資金をプラスして，$U$企業株式を購入するという借入れポートフォリオを組むことで，第8.2表のように高い収益率を実現させることが可能となり，そのようなプロセスは，両株式間の裁定

**第8.2表** M=M仮説第I命題の証明：ホームメード・レバレッジによる裁定②

|   | $U$企業（買い） | $L$企業（売り） |
|---|---|---|
| 投資期 | $\alpha V_U - \alpha D$ | $\alpha E_L$ |
| 収益額 | $\alpha X - \alpha rD$ | $\alpha(X-rD)$ |
| 収益率 | $(X-rD)/(V_U-D)$ | $(X-rD)/E_L$ |

メカニズムが機能しつくす点まで続くことにより，最終的には両企業の価値評価額は等しくなる。投資家にとって，企業と全く同等の収益獲得機会が与えられていれば，投資家が裁定の機会を巧みに利用してホームメード・レバレッジをかけることにより，両企業の企業価値が最終的には等しくなる（$V_U = V_L \equiv E_L + D$）ということが証明される。

さらに，法人所得税を考慮した場合は，負債の節税効果分だけは，借入れのある場合の方が，価値が高くなるという結論が得られる。EBIATのキャッシュフロー・ベースで表現すれば，このことは以下のようになろう。

### 法人所得税を考慮した場合の M = M 仮説第 I 命題

$$V_L = \frac{E((1-\tau)\widetilde{X})}{k_e^L} + \frac{\tau \cdot rD}{r}$$
$$= V_U + \tau D$$

ただし，$V_U = \dfrac{E((1-\tau)\widetilde{X})}{k_e^U}$ ; $k_e^L = k_e^U$

すなわち，法人税不在を前提する場合には，両企業の企業価値は，その資本構成のいかんに依存することなく，全くイコールとなるが，法人所得税の存在を考慮した場合には，負債の節税効果分だけ，企業価値は高く評価されることとなる。非現実的な点が所在するところは，資本構成のなかに，外部負債が付け加わっても，当該企業のリスク・クラスには何ら変化がないという彼らの置いた仮定にある。負債を導入するのであるから，当然のこととして，正の財務リスクが発生しており，これが，その企業が属するリスク・クラスを変更しているはずであろう。したがって，残された問題は，いかにして，負債導入によって増加する財務リスクを企業価値に反映させるのかということになろう。

**総現在価値と純現在価値**

本節の最後部として，現在価値法を用いた投資に関する意思決定について，言及しておかねばならない。今でこそ，現在価値法は，その総現在価値概念を用いた資産価値評価式としての重要性を有しているものの，手法そのものが確立していく過程においては，むしろ，その純（正味）現在価値概念が用いられて，投資可否の判断に盛んに利用されたのである。

$$純現在価値 = \sum_{t=1}^{T} \frac{E_{t=0}(投資キャッシュフロー(t))}{\prod_{\tau=1}^{t}(1+資本コスト(\tau))\cdot(1+諸リスク・プレミアム(\tau))} - I_0 \gtreqless 0$$

投下される資産が生み出す将来収益フローからの総現在価値より初期投資金額を差し引いた，純（正味）現在価値（Net Present Value）が正の値になる場合に，その資産への投資の価値があるという判定を下すのが純現在価値法における判断ルールである。純現在価値が負の場合，その資産への投資は行うべきでないと判断する。因みに，純現在価値がゼロの時は，どちらでもない臨界的な場合と解釈している。企業価値評価におけるように，資産価値額を算出しようとする場合は，もちろん，総資産価値こそが求められるべき値である。ここで得られる純現在価値は，負債総額が差し引かれた株主持ち分の評価額になる。

## 8.2　企業価値評価論争ノートと総合的な資産価値評価に纏わる問題
### 収益価値と清算価値

現行のコーポレート・ファイナンスにおいて，学界標準となっている資産価値の評価方法が現在価値法であることは，既述したとおりであるが，このような現在価値法が学界標準の評価法としての地位を確立する以前においても，現在価値という考え方は存在していた。しかし，資産からもたらされる将来収益が価値を決めるのか，それとも，資産そのものに一定の価値が具現化されているのか，この両論の間で長年にわたった価値評価を巡る論争が，中世ヨーロッパの昔からあった。

そのような価値評価論の系譜上，いま，資産が生み出す将来フローから，その評価額を定めるという接近法を，**収益価値**（Return Value）アプローチと呼び，他方で，当該資産から毎期生み出される平均収益フロー量から，通期で確定した一定値の資産評価額が定められるとする考え方を**清算価値**（Liquidation Value）アプローチと呼ぶことにしよう。中世ヨーロッパにおける，清算価値アプローチを主張する王侯貴族 vs 収益価値アプローチで対抗する荘園領主間の価値評価論争を，荘園という土地資産についての収益価値評価と清算価値評価との間の正当性を巡る係争とすれば，「将来収益フローの割引現在価値を以

って当該資産評価額とする」まさに現在価値法の定義のあり方そのものにより，収益価値評価額と清算価値評価額とが一致させられることで，長きにわたった論争に一応の決着をもたらしたのが，現行の現在価値法なのである。

　新たに定式化された現在価値法の立場から，収益価値および清算価値を意味づけるならば，収益価値は，（潜在）資産保有者が当該資産を最有効裡に運用できると期待する時の価値評価額である。対するに，清算価値は，当該資産を最も不効率な状態で運用することを予想する際の評価価値額であると見なすことができよう。

　以上の考察から，現在価値法は資産の活用度合いに着目した，ある意味では極めて主観的な価値評価法であると考えることができる。例として，バブル絶頂期における東京首都圏において，高層ビルの谷間に存在する空き地の平面的な駐車場利用からは，無限期間を考慮したとしても，その土地の現在価値は当時の天文学的な不動産地価ベースからの評価に比して非常に少額な評価でしかなかったはずである。

　それに対して，不動産が絶対的に優位な価値評価をもたない米国において

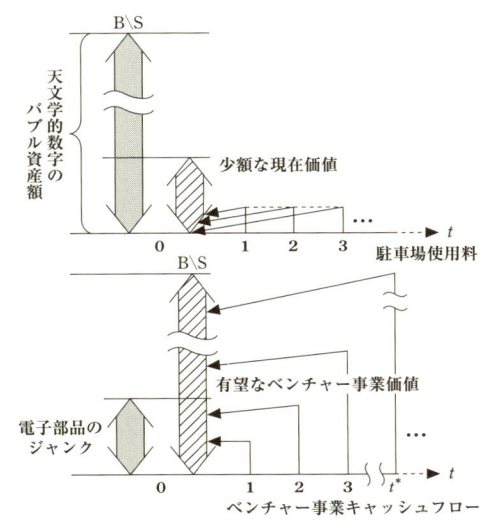

**第 8.1 図**　収益価値と清算価値の説明図

は，さまざまな企画を中心にした，この世で初めてというようなリスキー・ベンチャー事業であっても，その将来収益の膨大さと確実さいかんでは，ベンチャー・ファンドがつくという事実からしても，当該事業がもたらす将来収益フローという期待無形資産こそが，まさに，評価の素材そのものに成り得るのである（第8.1図参照）。

狭い国土を印象づけられたわが国において，永らく支配的であった有担保原則に対するに，広大な国土を有するため，土地が左程の稀少価値を持ち得ない国家事情という，彼方此方（かれこれ）の評価風土の違いが，具体的な評価法の違いを生み出したと見ることができる。

前出（72頁）の現在価値法公式に登場する変数を見ればわかるように，現在価値法の修得には，以下の3要素を誤りなく理解することが不可欠である。それら3要素とは，①キャッシュフロー概念，②割引率，それに，③現在価値概念である。①のキャッシュフローに関しては，第2章において詳述してきた。また，②の割引率については，続く第3章において，説明済みである。そして，③の現在価値概念は，まさに，本章において解説した。

**企業価値**（The Value of Firm）に言及する際，当該時点で企業が保有する**総資産価値**（Total Asset Value）を意味させたい場合と，**株主資本価値**（the Stock holders' Equity Value）を意味させたい場合とがある。総資産価値額を評価しなければならない場合は，通常，適切な営業キャッシュフローに適切な割引率を適用して算出される**総現在価値**（GPV）となる総資産価値に対する内在評価額を求めればよい。

これに対して，株主資本価値を求めるには，以上のプロセスで求めた総現在価値から，その時の負債価値評価額（できれば内在価値）を差し引いた**残余価値**（the Residual Value）として算出しなければならないことに留意すべきであろう。

投資案件評価の場合，評価対象は，初期投資金額の支出に伴って形成される貸借対照表の総資産価値となる。適切な投資キャッシュフローに適切な割引率を適用して算出される総現在価値が投資の価値評価総額であり，その価値額から，初期投資金額を差し引いた残余価値である純現在価値は，投資行為による

初期投資額を超える総資産価値の増加部分となる。この資産増加に関わる純効果が正値を取るならば，投資をするべしと判定するのが純現在価値法である。

投資案件評価において行う評価作業と同様の手続きを，企業価値評価に際して行うとすれば，求められる純現在価値は，総資産増加効果となり，この値が正である限り，継続して，企業を経営していく価値ありという判定になる。

すなわち，企業の現有貸借対照表から撤退するか継続するかという判定に，得られた純現在価値情報を用いることができる。反対に，企業価値評価において行う評価作業と同様の作業を，投資案件評価に適用する場合，どのように解釈することになろうか。総資産価値から負債価値を引いて得られる純現在価値は，新規に発生する貸借対照表上の株主持ち分の評価額となり，当該企業における特定された子会社あるいは特定化された事業に関わるトラッキング・ストックの評価に用いることができる有用な情報となる。

**修正現在価値法**

現在価値法が，次第に定着してくるにつれ，**修正現在価値法**（Adjusted Present Value Method）が，唱えられるようになった。その源は，M＝M理論の第Ⅰ命題の吟味に求められよう。いま，$R(E)$ で収益のうち株主の所有に帰する部分を，また，$R(D)$ で同じく収益のうち中・長期の負債提供者の所有に帰する部分を意味させれば，企業総体への収益 $R$ は，以下のように書き表わせよう。

$$R = R(E) + R(D)$$

ここで，$r_E$ を持ち分収益率とし，$r_D$ を負債金利，$\tau$ を法人所得税率とすれば，

$$R = r_E \times E + r_D \times D - \tau \times r_D \times D$$
$$= r_E \times E + r_D \times (1 - \tau) \times D$$

両辺を，$A (= E + D)$ で割ることにより，

$$総資産収益率 \equiv \frac{R}{A} = r_E \times \frac{E}{E+D} + r_D \times (1-\tau) \times \frac{D}{D+E} \equiv 加重平均資本コスト$$

の関係式が得られる。この式から，加重平均資本コスト概念そのものの採用が資産構成と資本構成との均衡状態を想定していることに気づくであろう。

現在価値法への修正は，株主の所有に帰するキャッシュフロー部分に対応する割引率と，負債提供者に帰するキャッシュフローである支払利息・社債利息に適用される割引率とが同一であることへの疑問から発した。つまり，両者の間には，キャッシュフローに含まれるリスクの程度に大きな違いが存するので，同一の割引率を用いるべきではなく，支払利息の流列には，税引後負債金利といったより低水準の割引率が用いられるべきである，との主張がなされた。

　そのような規則に従えば，

$$\therefore A = \frac{R}{\frac{R}{A}} = \frac{r_E \cdot E}{r_E} + \frac{r_D \cdot (1-\tau) \cdot D}{r_D \cdot (1-\tau)} = E + D$$

　例えば，キャッシュフローの構成を，税引後利益，支払利息，および減価償却費のみとした場合，それぞれの構成要素に対する割引率として，税引後利益流列には株主資本のコストを，支払利息流列には負債のコストを，減価償却費流列には加重平均資本コストを適用すべしとする説であった。この主張には，一理あったが，修正現在価値法の妥当性が声高に主張されればされるほど，そのことは，今度は，慣れ親しんでいる**加法則**（The Additivity Principle）の再検討という思考の回帰が醸成されたのだと思う。

　加法則とは，いうまでもなく，個別価値の合計額が全体の価値額に等しい，という見方であって，いわゆる，シナジー効果を認めない立場につながる。したがって，修正版現在価値法の主張には一理あるとは思いながらも，現実世界におけるシナジー効果の存在を否定できない立場からは，積極的な推進が図られなかった結果に終わったということは，納得がいく。

**EVA と MVA**

　近年，革新的な企業価値評価概念として，企業に関する EVA（Economic Value Added，経済付加価値）や MVA（Market Value Added，市場付加価値）が取り上げられている。しかしながら，営業キャッシュフローと投資（回収）キャッシュフローとの本質的な差が存在しないことを既に理解した読者であれば，

**第 8.2 図**　EVA と MVA

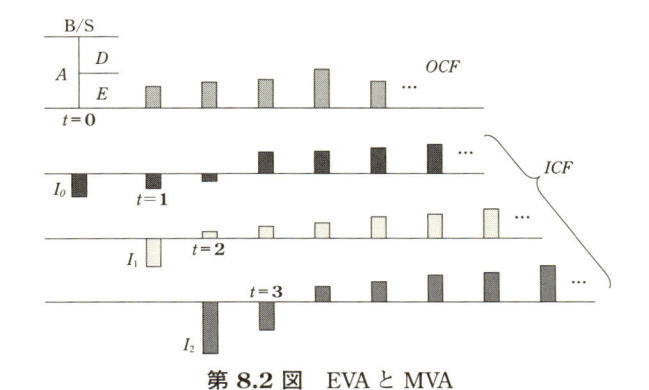

EVA および MVA という両概念とも，計画している将来投資案を積極的に企業価値評価に含めようとする，現在価値法の自然な拡張であることに気づかれることと思う（第 8.2 図の概念図）。

ある時点における将来の投資から期待できる当該将来時点における価値評価額部分を経済付加価値というのであり，その経済付加価値を現在時点評価額に直したものが市場付加価値と命名されている（数式参照）。

EVA 概念や MVA 概念は現在価値法の自然な拡張ではあるが，そこでは，企業価値評価が過去から現在，そして，将来に亘る投資案件の実行により成立する，それぞれ各個に独立したバランスシート集合を評価することと等価であるという別視点に立つと，新たな ALM（Asset & Liability Management）への接近法が浮かび上がってくる。その場合に想定される ALM の利点は，バランスシートの投資対象事業別管理が可能になることであり，したがって，過去からの事業の継続もしくは撤退が，意思決定時点ごとに定期的に再検討可能になる点であろう。

### EVA と MVA

$GPV_A =$ 現行の B/S から期待される純キャッシュフロー
　　　　$+$ 今期投資から期待される純キャッシュフロー
　　　　$+$ 来期以降の投資からの期待純キャッシュフロー

$$= \sum_{t=1}^{+\infty} \frac{E_{t=0}(\widetilde{OCF}(t))}{(1+\Delta)^t} + \sum_{j=1}^{J_1} \sum_{t=1}^{T_1^j} \frac{E_{t=0}(\widetilde{ICF_j}(t))}{(1+\Delta)^t} + \sum_{\tau=1}^{+\infty} \sum_{j=1}^{J_\tau} \sum_{t=\tau}^{T_\tau^j} \frac{E_{t=0}(\widetilde{ICF_j}(t+\tau))}{(1+\Delta)^{t+\tau}}$$

= 期待営業キャッシュフローによる総資産評価額

$$+ \frac{1}{(1+\Delta)} \cdot \sum_{j=1}^{J_1} \sum_{t=0}^{T_1^j} \frac{E_{t=0}(\widetilde{ICF_j}(t))}{(1+\Delta)^t} + \sum_{\tau=1}^{+\infty} \sum_{j=1}^{J_\tau} \sum_{t=\tau}^{T_\tau^j} \frac{E_{t=0}(\widetilde{ICF_j}(t+\tau))}{(1+\Delta)^{t+\tau}}$$

$$= 従来のGPV + \frac{EVA(\{J_1\})}{1+\Delta} + \sum_{\tau=2}^{+\infty} \frac{EVA(\{J_\tau\})}{(1+\Delta)^\tau}$$

$$= 従来のGPV + MVA(1) + \sum_{\tau=2}^{+\infty} MVA(\tau)$$

$$= 従来のGPV + MVA(0)$$

## 8.3 キャッシュフロー以外の要因

**人的資産価値評価**

いままでの議論から明らかなように，企業価値を決定する基本的要因は，キャッシュフローにある。しかしながら，企業価値決定要因として，キャッシュフロー以外の要素を掲げる論者は決して少なくない。

企業価値に影響を及ぼす他の要因として，人的資源がある。「企業はヒトなり」とはよくいわれることであるが，ヒトは，企業の貸借対照表にさえ，資産として計上されてはいない。そのヒトを人的資産として，いかに企業価値評価のなかに含めたらよいのか，未解決な大問題の一つである。また，外部の投資家が満足のいく企業価値評価を行うのに十二分な情報開示は，なされているのだろうか。情報開示の内容，企業側の情報開示に向かう姿勢を含めて，まだまだ，十分とはいえない体制であろう。また，限定された枠の中であっても，開示された情報の内実を読み取る分析側の技術の練磨，向上も期待される。

その他，独自開発技術の評価，特許の評価，著作権の評価等々，その潜在力の評価もさることながら，絶え間なく変化していく環境のもとで，当該事業の潜在力が開花するタイミングについての評価まで入れた評価能力の進化も望まれる要素の一つであろう。

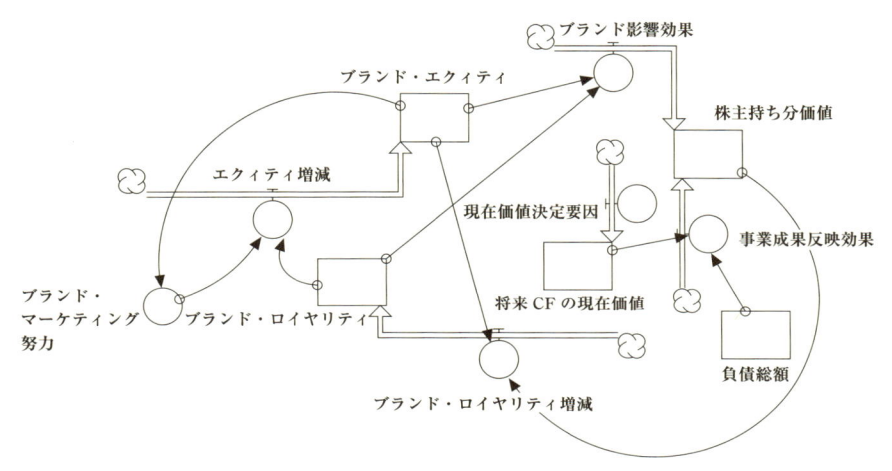

第 8.3 図　ブランド・エクィティの創出ダイアグラム

**無形資産価値評価**

　企業の総資産価値評価において，今後，予想される注目すべき流れの一つとして，無形資産価値の評価があげられよう。コーポレート・ファイナンスは，ブランド価値の構築や，環境を保持するための積極的な経営政策等の計量困難な要素を，企業価値評価のなかにいかに採り込んだらよいかという大きな課題に直面している。基本的な考え方としては，企業が持つ有形資産と無形資産との双方からの相乗効果がキャッシュフローを生み，そのキャッシュフローの創造により，有形・無形の両資産の形成がなされるというものであろう。新たなブランド・エクィティ概念と，ブランド・ロイヤリティや株主持ち分価値との相互依存関係については，ステラによるチャートを参照されたい。

**事業ポートフォリオ政策と企業価値の動態把握**

　企業にとっての長期目標という観点から，「成長か生存か？」という問いが，しばしば発せられる。単一事業のライフサイクル性を大前提とすれば，長期に亘る成長を維持するためには，その時々に応じた事業ポートフォリオの組み換えが必須となる。

　ボストン・コンサルティングが使用したことで夙に有名な事業ポートフォリ

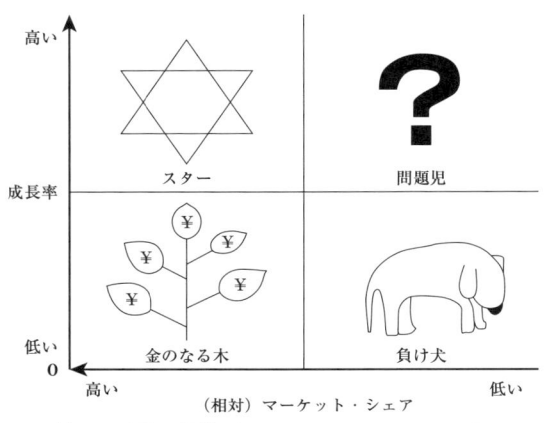

第 8.4 図　事業ポートフォリオ・チャート

オ・チャートは，スター商品と金のなる木から発生するキャッシュフローの一部が将来商品開発のための研究投資に回らなければならないことを，図の枠外で意味しているといわれている。負け犬事業は早く切り捨て，浮いた経営資源を将来において新商品になるかもしれない問題児グループの事業に投資すべきことが意味されている。

　そのようにして，事業ポートフォリオの組み換えが成功裡に推移していくならば，結果として，生存目的が達成されることになる。その意味で，問題は成長と生存との二者択一選択ではない。成長政策の窮極の成功が独占体制の確立であることを思うとき，絶えず，変化し続ける環境に適合するための事業選択に関わる戦略の重要性が再認識されることと思う。なされるべきは，絶えざる**本業の再定義**（The Re-definition of Corporate Business）なのである。

# 9 負債の価値評価

## 9.1 借入金の評価

**負債とは**

本章では,まず,**負債**(Debt)の定義を示す。負債とは,企業が外部から調達する資金であって,その借用期限までに,当初の元本部分および借入期間に対応した金利部分の返済を約束した借入契約である。契約により返済を約束されているのは,元本および金利部分であるため,業績好調時における利益の分け前には参画できない。つまり,企業の資産に関して残余請求権を持たない。通常は,満期限があり,確定金利の付された契約を指すことが多い。

わが国企業の最近における資金調達状況について,財務省の統計を見ると,内部留保や減価償却の内部調達源泉を専ら用いて,今まで調達してきた外部からの資金の返済にひたすら努めている様子がわかる(第9.1図)。

**ペッキング・オーダー仮説**

さて,企業の資金調達行動に関しては,**ペッキング・オーダー仮説**(Pecking Order Hypothesis)と呼ばれるものがある。これは,資金調達の必要に応じて,企業はその利用が容易な調達手段から順にその資金調達枠を利用していくという仮説である。まず,内部留保や減価償却などの内部資金を調達ニーズに充てる。それは,資金が必要なタイミングに合わせたり,財務上のリスクが極めて少ないという,外部資金利用と比べた場合のメリットがあるためである。

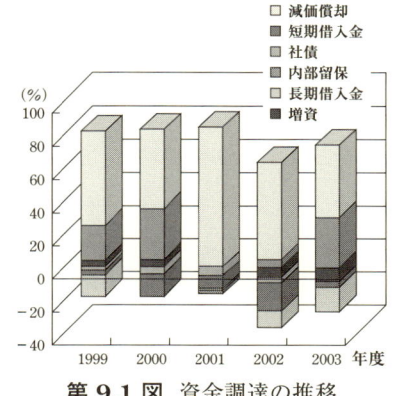

**第 9.1 図 資金調達の推移**

つぎに，銀行借入を利用する。理由は，資金の必要時期に合わせた機動性，社債発行時に比較した情報公開コストの少なさ，および，金融機関との長期的な取引関係に根付いた情報の非対称性の少なさからである。そのつぎが，社債やハイブリッド債などの資本市場からの負債(性)資本の調達であり，最後に，株主資本（株主持ち分）の調達が来る。その理由は，株主資本コストの高いこと，および，市場での消化可能性が時期によって不確定であること等である。

このように，資金調達にあたって，その取引に要する費用や情報の非対称性などの要因から，資金調達手段間に上記のような優先順位が存在するとする仮説が，ペッキング・オーダー仮説である。

**間接金融とは**

国民経済上，企業が資金調達をする際の分類に，**直接金融**と**間接金融**という分け方がある。直接金融とは，資金の借り手が資金の貸し手に対して，本源的証券（株式や債券など）の発行によって直接的に資金の融通を受ける金融手段であり，直接金融が行われる場を，**資本市場**（Capital Markets）という。資本市場における本源的証券の発行や流通には，証券会社が介在する（第9.2図）。

これに対して，間接金融とは，資金の借り手が発行する本源的証券（借用証書や手形など）を取得する金融機関が，資金の貸し手に対して，間接証券（預金証書や保険証券など）を発行することによって金融の仲介を果たす形態をい

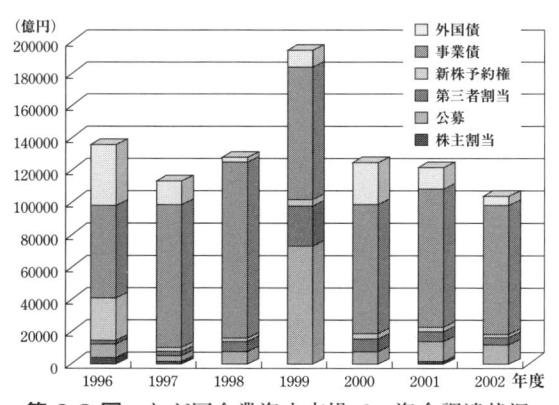

**第 9.2 図** わが国企業資本市場での資金調達状況

う。間接金融機能をもつ金融機関を**金融仲介機関**（Financial Intermediaries）といい，都市銀行などの諸金融機関がこれに該当する。わが国企業の 2000 年度における法人企業統計によれば，借入による調達の比率は 38.4% であり，対するに，株式による調達が 30.8%，第三にくるのが，企業間信用の 16.6% であった。資金調達に占める間接金融の割合は，時代を遡るに従ってほぼ一貫して多くなっており，例えば，1985 年度の実績では 60.2% であった。

銀行借入金以外の，他の間接金融手段には，つぎのものがある。
① 取引先より受け取った受取手形を銀行で割り引くことにより金融する「商業手形割引」
② 自己振出しの約束手形を銀行に差し入れることによって借り入れる「手形借入」
③ 金融機関との間で，金銭消費貸借契約書を取り交わすことにより借り入れる「証書借入」
④ 契約で定めた一定金額までは当座預金口座に対して借り越しを認める形で融資をする「当座貸越」

また，わが国では，1987 年 11 月に創設された無記名無担保の約束手形である，コマーシャル・ペーパー（Commercial Paper）による資金調達もある。発行期間は 1 年未満の短期であり，発行額面は 1 億円以上の割引発行形式をとる。

## 9.2 利子率の期間構造

### 債券と格付け

より長期の直接金融による資金調達手段として代表的なのが，**社債**（Bond）の発行による資金調達である。通常は，一定期間（半年）ごとに**利札**（Coupon）と引き換えに利息が支払われ，満期に元本および最終利息が償還される**利付債**（Coupon Bond）と，利息がない代わりに，発行時に額面金額より低い金額で割引発行される**割引債**（Discount Bond）がある。割引債の場合，満期における額面償還金額と発行時における発行金額との差額が利息に相当する。

**債券**（Debt Securities）には，債券格付け機関による**債券格付け**（Bond Rating）

**第 9.1 表　債券格付け**

社債格付け

| S＆P | ムーディーズ | 内　　容 |
|---|---|---|
| AAA | Aaa | 元本返済と利息支払いの能力が極めて高い |
| AA | Aa | 返済能力は高いものの AAA よりはやや劣る |
| A | A | 高い返済能力を有するものの経済状況，経営環境変化からの影響を受ける可能性あり |
| BBB | Baa | 元本および利息の返済能力を有する |
| BB．B | Ba，B | 発行会社による元本の返済のみに対応 |
| CCC，CC | Caa，Ca | 返済能力の点で，投機性が高い |
| C | C | 利息が支払われない |
| D | D | デフォールト状態 |

出所：Corporate and Muicipal Bond Rating Definitions, Standard & Poors.

があり，公社債券への投資家向けに，債券の優良度やリスクの程度に関する判断を分類して公けにしている。第 9.1 表が，ムーディーズ社およびスタンダード・プーア社による格付け基準であり，BBB ないし Baa 格付けが，良好な債券とそうでない債券との分岐線にあたっている。

発行され流通する個別の債券には，その格付けに応じて，満期までの残存期間ごとに**最終利回り**（the Final Rate of Return）が計算できる。最終利回りとは，資金調達時におけるキャッシュフローから算出される IRR のことである。この残存満期を横軸に，最終利回りを縦軸にとって，グラフ化したものを，**利回り曲線**（Yield Curve）と呼んでいる。

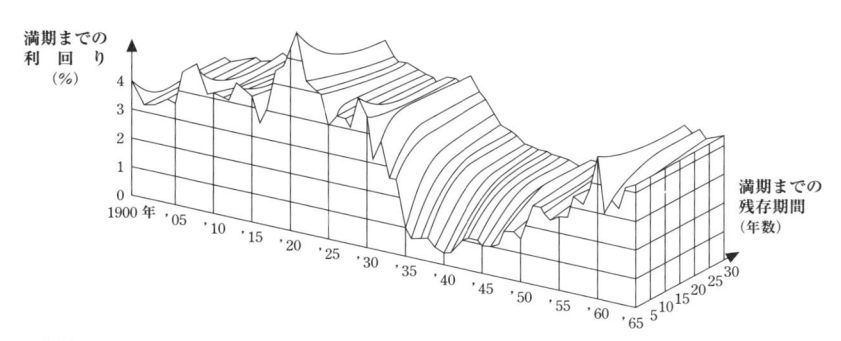

出所：*The Term Structure of Interest Rates, Expectations and Behavior Patterns*, Malkiel, Burton G., Princeton University Press, 1966, p. 9.

**第 9.3 図　イールド・カーブ**

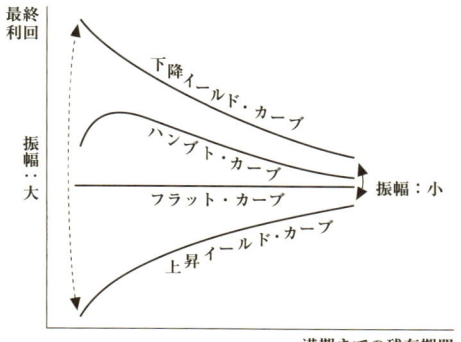

第 9.4 図　イールド・カーブの類型パターン

つぎの四種類の型が認識されている。
① 比較的に低金利時に現われる上昇イールド・カーブ（Ascending Yield Curve）
② 相対的に高金利時に見られる下降イールド・カーブ（Descending Yield Curve）
③ 景気循環の交代期に見留められるフラット・カーブ（Flat Curve）
④ 下降イールド・カーブの変種である瘤付き曲線（Humped Yield Curve）

このようにイールド・カーブを出現させている背後にある経済的なしくみに関して，大別すると三つの仮説が立てられている。

**利子率の期間構造**（the Term Structure of Interest Rates）について基本的な仮説は，**期待理論**（Expectations Theory）である。

期待理論とは，債券による資金調達ならびに資金運用行動をとる経済主体間で共有される，将来にわたる金利水準の予想推移が存在し，それらの金利予想がイールド・カーブを形成しているとする理論であり，現状では支配的な仮説といえよう。

$$_{t+N}r_{1,t} = \frac{(1 + {}_tR_{N+1})^{N+1}}{(1 + {}_tR_N)^N} - 1$$

$\begin{pmatrix} {}_tR_N：t \text{ 期における } N \text{ 期ものの最終利回り} \\ {}_{t+N}r_{1,t}：t \text{ 期における } t+N \text{ 期先の 1 期ものの予想利回り} \end{pmatrix}$

**流動性選好理論**（Liquidity Preference Theory）は，期待理論に依拠して出現している利回りの一部分が，資金に対する流動性のプレミアムに対応した構成部

分であるという仮説であり，その流動性プレミアムは残存満期の長さに比例しており，期待理論と相対立するものではない。

第三の**市場分断理論**（Market Segmentation Theory）は，前二者とは趣きを異にし，比較的短期の債券市場で活躍する金融機関（米国での商業銀行）と，長期債の市場でプレイする機関投資家（主として生命保険会社など）が異なることから，利回り曲線は分断されており，短期から長期へ向けての連続性に欠けるという主張である。

しかしながら，この市場分断理論に対しては，金利格差の存在にもかかわらず，その金利裁定機会を長期にわたって，機関投資家が看過することに対する疑問が呈されている。

### デュレーション（Duration）

債券ポートフォリオ運用を論じるとき，有用な概念の一つとして，**マコーリーのデュレーション**（Macauley's Duration）がある。債券のポートフォリオ運用にあたっては，金利の将来変動からもたらされる**金利リスク**（Interest Rate Risk）を防ぐことを工夫すればよい。そのため，金利の変化が債券価格に与える効果を計るための指標を計算で算出する。

債券の最終利回りを求める式から，債券の利回り変化が債券価格変化に及ぼす影響を見るための式に変形すれば，債券価格の利回り変化に関する弾力性の値としてマコーリーのデュレーションが導出できる。ただし，利回り変化の向きと債券価格変化の向きは，マイナスの符号が示すように，反対向きとなる。右辺の大括弧中に示されたデュレーションは，債券時価に対する毎期のキャッシュフロー現在価値で重みづけられた債券の加重期間を表わしている。

**マコーリー・デュレーションの定義**

債券時価に対する毎期のキャッシュフロー現在価値
で重みづけられた債券の加重平均期間

$$\frac{\Delta P}{P} = -\left[\frac{\sum_{t=1}^{T} \frac{t \cdot C_t}{(1+R)^t}}{P}\right] \cdot \frac{\Delta R}{(1+R)}$$

（$P$：債券時価，$C_t$：$t$期のキャッシュフロー，$R$：最終利回り）

したがって，この債券ポートフォリオのデュレーション概念を用いて，債券ポートフォリオの運用期間を，このデュレーション期間と同じ長さにすれば，一定の条件下で，将来における金利変動が債券ポートフォリオの価値に影響を与えないようにすることが可能となる。これを，債券ポートフォリオの**イミュニゼーション**（免疫化，Immunization）といっている。

一定の条件とは，運用期間中，ただ1回の金利変化であることと，その金利変化が，イールド・カーブ全長にわたって同一変化幅であること（イールド・カーブの平行シフト），それに最終利回りと，受け取りキャッシュフローに関する再投資利回りとが等しいという前提である。証明は比較的簡単にできる（巻末資料参照）。

企業が資金調達に用いる手段としては，満期のある確定金利付社債を一方の極とし，満期がなく無限の長さをもち配当といういつでも無配にできる不確定金利をもつ普通株式を他方の極とするスペクトルの間に，無数の資金調達手段が設計可能である。

わが国においては，今後，優先株式の分野で，さまざまな資金調達形態が工夫される余地がある。転換条項を付したり，繰上げ償還条項をつけたり，利益参加条項をつけたりすることにより，債務証券の魅力度を加減することができる。この魅力度を加減する諸条項のことを総括して，**甘味剤**（Sweetenings）と呼称している。現在までに知られている主な甘味剤を示す。

甘 味 剤

- 転換条項付き
- 中途割り増し償還請求権付き
- 利益参加条項付き
- 累積配当条項付き
- 転換価額下方修正条項付き
- 他社株転換条項付き

甘味剤と反対の性格を有するものとして，投資家の権利を守るために行う，資金調達企業への，ある種の財務行為を制限する条項で，社債管理契約や貸付

契約に記載される**財務制限条項**（Protective Covenants）が存在する。債務証券の発行後の価値を維持する機能をもち，例示すれば，負債比率の上限設定や，資産への抵当権設定の制限（Negative Pledge 条項）などがあげられる。

**財務制限条項**
- 広義運転資本純額の最低水準維持
- 資産への抵当権設定の制限
- 累積配当性向の上限設定
- 負債比率の上限設定
- 他社との合併禁止　等々

　その他に，キャッシュフローの交換（Swap）を取り入れた仕組み債と呼ばれる，新設計の債務証券が多数存在する。

**ストラクチャード・ファイナンスとしての金利スワップ**

　普通社債と普通株式とを，両極とする債務証券の中間形態として，とりわけ指摘しておくべきは，**ストラクチャード・ファイナンス**（Structured Finance）と呼ばれる分野において，続々と編み出されている新種の資金調達方法である。

　ストラクチャード・ファイナンスとは，資金調達の構造（仕組み）を工夫することに主眼をおいた，革新的な資金調達手段であって，多くの場合，元利金の返済義務は，資金調達主体ではなく，資金プールや第三者になっている，という定義がよく見受けられる。大別して，例えば，優良なローン債権を担保として資金調達を行う資産の証券化による調達（Asset financing）と，スワップやデリバティブを利用した負債による調達（Debt financing）があるが，ここでは，金融機関と協力することにより，資金調達企業が，単独で調達するよりも，より低利での調達が可能となる，**金利スワップ**（Interest Rate Swap）の例をあげておこう。

　いま，資金調達ニーズのある一般事業会社が，単独で資金調達を行う場合，固定金利市場からは 8.5% の金利で，また，変動金利市場からは LIBOR＋75bp の金利で，資金が調達可能であると仮定する（LIBOR は London Inter Bank Offering Rate の略であり，金融機関間での貸借に用いられる金利である。bp とは，

## 9 負債の価値評価

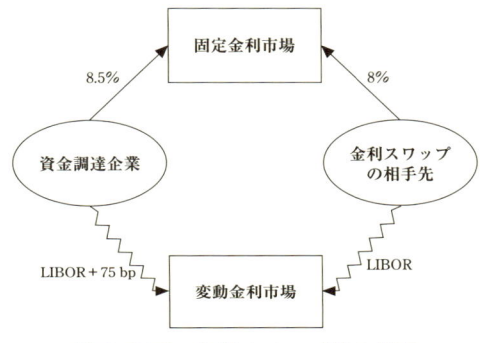

**第 9.5 図　金利スワップ前の状況**

ベーシス・ポイントのことであり，1％の100分の1を表わす呼称単位である）。

　他方で，一般に，より高い信用力を有する金融機関は，固定金利市場と変動金利市場から，それぞれ，8％およびLIBORで，資金調達できるものとしよう。このような金融環境下にある場合，一般事業会社は，いったん固定金利市場で資金調達を実行し，金融機関は，変動金利市場で資金調達を行う。その後，一般事業会社は金融機関に対して，LIBOR＋15bpの変動金利を支払う代わりに，金融機関から，8.1％の固定金利を受け取る，という金利の交換（金利スワップ）の取り決めをする。

　したがって，一般事業会社は，固定金利の太宗を金融機関から受け取るので，金利支払いのほとんどは，当初に意図した変動金利となる。しかも，以下

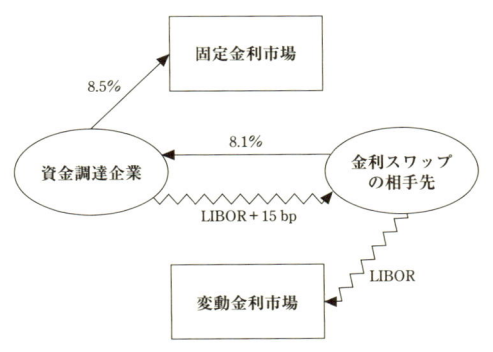

**第 9.6 図　金利スワップ後の状況**

の計算で明らかなように，この金利スワップは，一般事業会社にとっても金融機関にとっても有利な金融取引になっているのである。事業会社は，もともと，変動金利市場を利用したくて，単独利用であれば，プレミアムを上乗せされて，LIBOR＋75bp の金利負担を余儀なくさせられたはずである。

　　：一般事業会社　　（受取）　　　＋）　8.1　％
　　　　　　　　　　　（支払）　　　－）　8.5　％
　　　　　　　　　　　　　　　　　　－）（LIBOR ＋ 15bp）
　　　　　　　　　　　（合計）　　　　－（LIBOR ＋ 55bp）

　他方，金利スワップ相手先である金融機関は，純額ベースでは，7.95％の支払金利となり，単独で固定金利市場から借り入れる場合の金利に比べて，0.05％（＝8％－7.95％）有利な調達金利となる。同様に考えれば，事業会社は，20bp＝(LIBOR＋75bp)－(LIBOR＋55bp) 分の有利な資金調達を実現していると見ることができよう。

　　：金利スワップ　　（受取）　　　＋）（LIBOR＋15bp）
　　　相手先　　　　　（支払）　　　－）　8.1　％
　　　　　　　　　　　　　　　　　　－）　LIBOR
　　　　　　　　　　　（合計）　　　－7.95％

　両者間における金利の実質軽減部分についてのシェアは，本事例とは反対に，スワップ相手先の金融機関がより多くのシェアに与るような取り決めになるはずである。両者の金利軽減効果の合計は，0.25％（＝0.05％＋0.20％）となるが，この数値は，それぞれの市場における両者の調達金利差 0.25％〔＝｜(LIBOR＋75bp)－LIBOR｜－(8.5％－8.0％)〕と等しく，偶然の結果ではない。それは，一般事業会社と金融機関とが，寡占理論における複占の共謀解実現と同じように協力して，あたかも単一経済主体であるかのように，両市場で行動することから生じるメリットなのである。

　以上の説明事例に見られるとおり，負債による資金調達方法を複数個，組み合わせることで，より効率的な負債による調達手段が創生可能になる。

# 10 持ち分型証券の評価

## 10.1 オプション・プライシング・アプローチ（OPM）

**オプションの評価**

　債券と株式との両特性を付与することを企図した債務証券として，ワラント付社債や転換社債があげられる。ワラント付社債のワラント部分，または，転換社債の転換権部分は，いわゆる選択権であり，それはオプションそのものなのである。オプションとは，原資産を裏づけとして，当該原資産を，ある一定期間のうちに一定の条件で購入する権利（買いオプション，Call Option），もしくは，売却する権利（売りオプション，Put Option）である。しかしながら，オプション保有者は，購入したり売却したりすることが自らに不利となる場合は，初期におけるオプション購入価額だけ諦めれば，それ以上の損失を蒙ることがない。すなわち，オプションは権利ではあるが，義務ではない。そのようにして，オプションには，リスクをヘッジする機能が備わっているのである。この選択権は，新株予約権と総称されている。

　このようなオプションの満足すべき特性として，つぎの10項目があげられている。

① オプションは派生金融商品であるから，その価格は決してマイナスになってはならない。

② その満期日における価格は，原資産価格が権利行使価格を上回っている部分（プラスの値）か，ゼロかのどちらかである（コール・オプションの場合）。

③ 満期日に至る途中の段階においても同様のことが成立している必要がある。

④ 派生証券であるから，その原資産価格を決して上回ってはいけない。

⑤ 原資産価格の変動に伴い同じ向きに価格が変動しなければならない。
⑥ 原資産収益率の分散が大きければ大きいほどオプション価格は上下動する必要がある。
⑦ その権利行使価格が低ければ低いほどオプション価格は高く評価されなければならない。
⑧ リスク・フリー・レートの上下動に対しても，同じ向きの価格変動をしなければならない。
⑨ 満期日までの残存期間が長ければ長いほど，その価格は高く評価される必要がある。
⑩ 原資産価格に関するオプション価格の弾性値は，決して1を超えてはならない。

このことは，オプションのグラフが，横軸にとった株価水準に対して下に凸の形状となることを意味する。以上①から⑩までの条件をすべて満たす派生金融商品としてつぎに示されるような理論価格式が，先行するワラント（新株引受権）の価値評価研究を受けた形で，1973年4月，シカゴ・オプション取引所における上場オプションの取引開始に合わせて，ブラックとショールズによって完成された。条件①から⑩を満足させる株式オプションの買い（コール）オプションの買いポジションを第10.1図に示しておく。

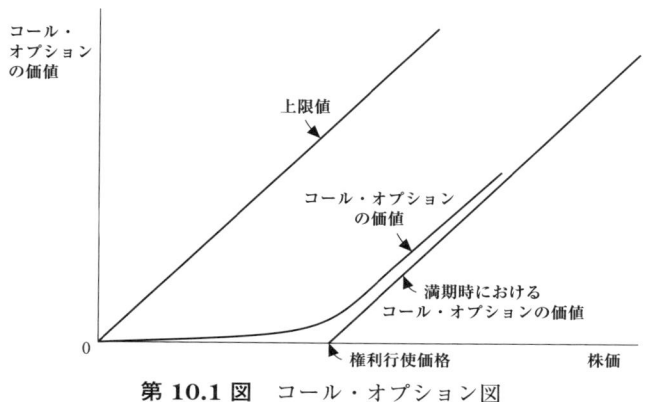

**第10.1図　コール・オプション図**

**上場オプション価格のブラック＝ショールズによる評価フォーミュラ**

$$C = S \cdot N(d_1) - Ee^{-r\tau} \cdot N(d_2)$$

ここで，$d_1 = \left[\ln\left(\dfrac{S}{E}\right) + \left(r + \dfrac{1}{2}\sigma^2\right)\cdot \tau\right] \div \sigma\sqrt{\tau}$,

$$d_2 = d_1 - \sigma\sqrt{\tau}$$

($C$：コール・オプションの理論価値，$S$：株価，$E$：権利行使価格，$r$：リスクレス・レート，$\sigma$：株式収益率の瞬間における標準偏差値，$\tau$：満期までの残存期間，$N(\cdot)$：標準化された正規分布の累積確率密度関数)

プット・オプションの評価式については，1単位のプット・オプション（$P$）の購入と全く等価なキャッシュフローをもたらす，同一権利行使価格（$K$）のコール・オプションの1単位の買い，$K$単位の割引債の購入，それに，原株1株の売りの組合せを想定する。

| | | 現　時　点 | 満　期　時　点 | |
| --- | --- | --- | --- | --- |
| | | | $S^* \leq K$ | $S^* > K$ |
| (1) | プットの買い | $-P$ | $K-S^*$ | 0 |
| (2) | コールの買い | $-C$ | 0 | $S^*-K$ |
| | 現株の売り | $S$ | $-S^*$ | $-S^*$ |
| | 割引債の買い | $-Ke^{-r\tau}$ | $K$ | $K$ |
| | (2)の合計 | $-C+S-Ke^{-r\tau}$ | $K-S^*$ | 0 |

上の表で明らかなように，満期時点におけるキャッシュフローは，株価の変動に関わらず，$S^* \leq K$の場合も$S^* > K$の場合も全く同一となるのだから，裁定が完全に働くならば，プット・オプションの価格は，(2)のポートフォリオの現時点における価値に等しくなるはずであろう。言い換えれば，

$$-P = -C + S - Ke^{-r\tau}$$

$$\therefore P = C - S + Ke^{-r\tau}$$

プットとコールの間に見られる，上記の関係式は，プット・コール・パリティと呼ばれている。

コールの売りポジション・買いポジション，プットの売りポジション，買いポジションの基本4型のポジションに安全資産と原資産を用いたポートフォリオ組成により，さまざまな変形オプションを設計することができる。原資産の

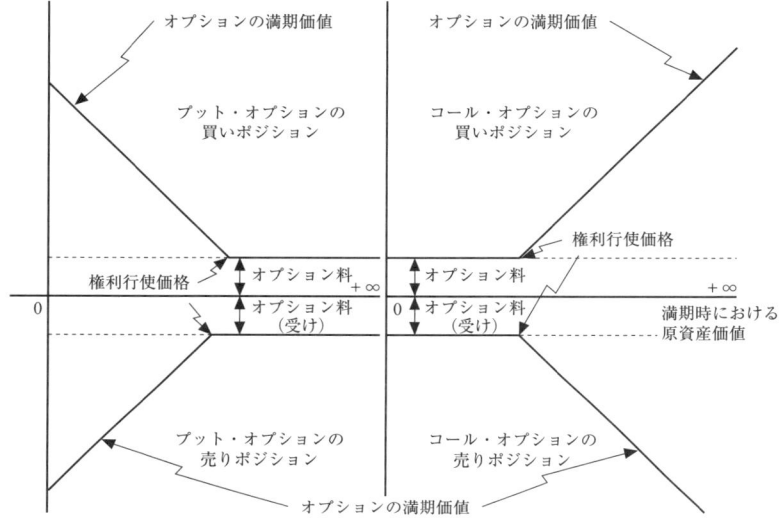

**第10.2図 オプションの基本4型**

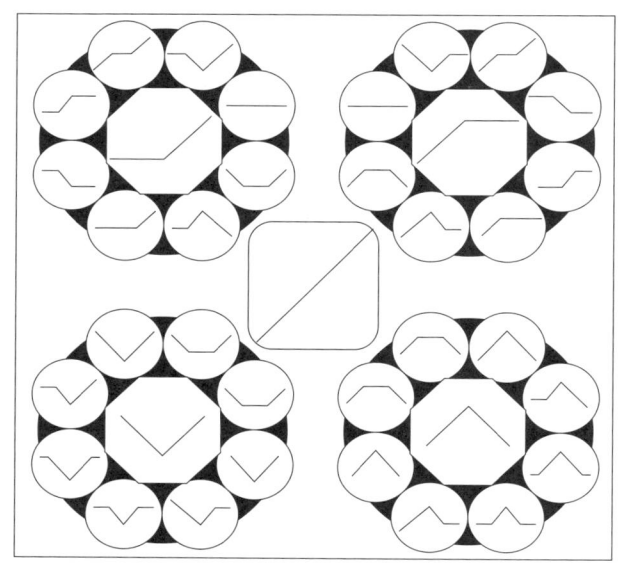

出所：*Options：Perception and Deception*, Charles M.Cottle, Times Mirrar, Higher Education Group, 1996, p. 31.

**第10.3図 さまざまな変形オプション形態**

将来価格予想に応じたリスク=リターンのプロファイルが創出可能となる（第10.2図と第10.3図）。

オプションにおける原資産は，現存する証券でもよいし，金融商品であってもよいし，実物資産であってもよいし，さらには，株価指数などの資産として実在しない人工生成物でも構わない。原資産が株式である場合，オプションは株式オプションと呼ばれる。ワラント付社債や転換社債などの持ち分型債券は，原資産を企業の総資産として，コール（プット）・オプション視することにより，その価値を評価することが可能になった。その際に重要なことは，

① 原資産の収益率の確率過程として何を採用するのかということ。
② 初期条件（経済学的には終端条件）の設定のしかたであろう。

この両者の注意深い取り扱いなくしては，説明力の高い負債評価モデル，もしくは負債資本コスト・モデルは，望むべくもないであろう。

## 10.2 ハイブリッド債

### ワラント付社債と転換社債

ワラント（Warrant）とは，社債発行後，所定の期間内で，所定の数または金額の新株発行を請求できる権利のことを指し，このワラントが付されている社債がワラント付社債である。ワラント評価式における重要な条件は，

$$\text{ワラントの理論価格} = \frac{1}{1+\text{付与率}} \text{Max}(\text{株価} - \text{権利行使価格}, 0)$$

である。ここで付与率とは，ワラントの権利行使に伴って発行される新株総額のワラント券面額に対する比率である。新株発行に伴って**稀薄化効果**（Dilusion Effect）が生じるため，ワラントの理論価格も，$(1+\text{付与率})^{-1}$分だけ低下するはずである。

類似のハイブリッド債としては，**転換社債**（Convertible Bond）がある。転換社債は，社債発行後，所定の期間に，一定の条件で発行企業の株式に転換可能な権利（転換権）が付与された社債である。社債権者は，当該社債が転換されるまでは，利息の支払いを受け，転換後は，株主となって配当の支払いを受け

**第 10.4 図** ワラント付社債の図

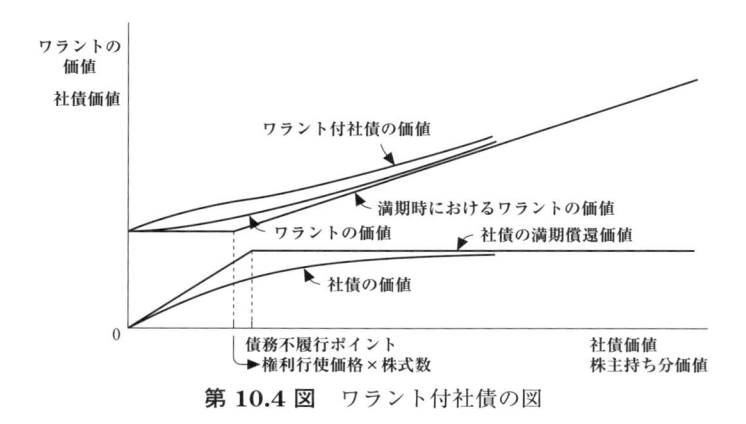

る。転換社債の価値評価フォーミュラ導出にとって重要な条件は，

　　転換社債の理論価格 = Max(Max(転換価値, 社債価値), 期待転換価値, 0)

なる条件式となろう。ただし，期待転換権のその時々の価値評価をいかにするかについての共通理解は未だ得られておらず，銘柄による転換の態様も含めた評価式の完成型は認められていない。

　このように，社債と株式の両者の性質を有する債務証券を**ハイブリッド**（Hybrid）**証券**や**持ち分型**（Equity-type）**証券**と呼んでいる。転換社債がワラント付社債と相違するのは，転換権の行使により発行される株式が必ずしも新株

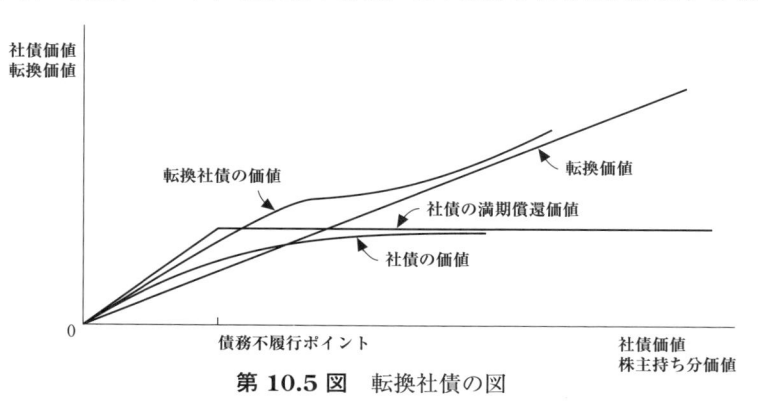

**第 10.5 図** 転換社債の図

でなくてもよいこと，また，ワラント付社債のワラント行使時には，現金の払い込みが必要であるが，転換社債の場合には，払い込みは必要とされないこと，等がある。ただし，ワラント付社債の場合でも，代用払込型の場合，社債部分を現金の代用として充てることができる。

# 11 株主資本(株主持ち分)の価値評価と最適資本構成問題

## 11.1 株主資本の価値評価

**株価・利益説**

株価・利益説は,適切な株式コストのデータが入手可能なとき,株価水準を算出するためにも,利用することが可能である。一株当たりの株価成長率が推定できれば,株式コストから,その成長率を減じた数字が適正な割引率になることは,通常の成長モデルと同様である。ここで,一株当たり利益額を,一株当たり配当額に代替させれば,株価・配当説が得られ,一株当たりキャッシュフロー金額に置換すれば,株価・キャッシュフロー仮説が求まる。

以上は,株主にとってのキャッシュフロー収益から,直裁に,株価評価額を求めようとするアプローチである。それに対して,同じ,現在価値法を用いながらも,まず,企業の総資産価値を求めておき,しかる後に,負債の総価値額を総資産評価額より差し引くことにより,最終の株主資本評価額を求めようとするアプローチがある。いわば,残余価値としての株主資本価値を求めんとする評価法である。

**残余価値としての株価**

残余価値としての株主資本価値を評価しようとする場合は,総資産価値評価が重要になることはいうまでもない。もし,税引き後ベースのキャッシュフローが採用される場合は,適用される割引率も税引き後ベースにする必要がある。同じく,税引き前ベースのキャッシュフローを用いて評価額が算定される場合は,割引率も税引き前ベースに揃わせなければならない。このようなキャッシュフローと割引率間における整合性には留意する必要がある。

しかしながら,そのようにして算出された税引き後ベースの総資産評価額と税引き前ベースの総資産評価額とが一致する保証がないことは当然である。な

## 11 株主資本（株主持ち分）の価値評価と最適資本構成問題　99

ぜならば，両者の評価額数値を一致させるべく，そのような仕掛けが施されていないからである。

　残余価値としての株主資本価値を算出する場合は，総負債価値の評価にも留意しなければならない。理論的には，総資産価値について，その内在価値が求められるのであるから，差し引かれるべき負債総額についても，内在価値が計算されるべきであろう。そのように解釈した場合，採用されるべきは，負債総額の市場価値評価ではなくて，その内在価値であるべきなのである。この問題は，より深い本質的な考察を必要とするので，限界現在価値法のところで詳細に論ずることとしよう。一応，負債総額の内在価値評価額が求まったとして，その数値を先に求めた総資産価値から減じることにより，株主資本の内在的評価額が求められる。

　これが，残余価値としての株主資本（株主持ち分）価値であり，当該数値を既発行株式数で除することで，一株当たり理論株価を手にすることができる。

　もし，残余価値から導出される理論株価がその時の市場株価を上回る場合，その超過部分を，筆者は資金調達ポテンシャル（Financing Potential, 資金調達余力）と呼ぶことにしている。それは，その超過した評価部分だけは，資産が高い価値を有すると判断されるので，それに相当する金額を追加して調達することが可能である状態とみなすのである。もっとも，上述の意味の理論株価がその時の市場株価を下回る場合，すなわち，資金調達ポテンシャルがマイナスの場合も存在するのであって，その場合には，株式市場における株価評価が過大になり過ぎている危険な状態と判断すべきであろう。

　企業価値に言及する際，当該時点で企業が保有する総資産価値を意味させたい場合と，株主資本価値を意味させたい場合とがある。総資産価値額を評価しなければならない場合は，総資産から発生するキャッシュフローに適切な割引率を適用して算出される総現在価値を求めればよい。これに対して，株主資本価値を求めるには，以上のプロセスで求めた総現在価値から，その時の負債価値評価額を差し引いた残余価値として求めることができることに留意すべきである。

企業の資産価値を求める際に，純現在価値法を適用した場合を想像してみよう。営業キャッシュフローを算出した後，総現在価値として求められる総資産価値から，期初における資産評価額を差し引いて求められる純現在価値は，簿価価値を上回る株主持ち分価値の部分を表わすことになろう。反対に，投資案件を評価する際に，残余価値を求める場合を考えてみることにする。すると，投資キャッシュフローを採用して総現在価値を求め，それから，当該投資に用いられる調達負債総額を控除した後に求まる残余価値は，当該事業を支えている株主持ち分の価値とみなせよう。この評価額は，まさに，後述のトラッキング・ストック評価に他ならないといえよう。

**コール・オプションとしての株主持ち分評価**

既述したとおり，普通株式（株主持ち分）の価値は，企業の総資産価値から，以上で言及したさまざまな負債の価値を差し引いた残余の差額分として求められるべきである。しかし，オプション・プライシング・アプローチを採用することによって，持ち分価値そのものが，コール・オプションとして求められることがマートン（Robert C. Merton）により，指摘された。株主が総資産価値を確率変動する原資産とし，総負債価値を権利行使価格として発行したコール・オプションを株主持ち分とみなすことにすれば，普通株式の価値評価に，コール・オプション評価式を援用することができる。

しかしながら，そこでは，割引キャッシュフロー法による価値評価アプローチと反りの合わない要素がいくつか認められる。まず，コール・オプション視した普通株式評価において，次式におけるように，普通株式は，その時々における総資産価値から負債総額の割引現在価値を差し引いた残余価値が正であればその値を，負であればゼロの値を取る「境界条件」を通常のヨーロピアン・コール・オプション・プライシング式では，考慮に入れられないのである。ゆえに，コール・オプションの権利行使が可能な期間中に，普通株式価格がマイナスになる「倒産の可能性」を反映した価値評価式にはなっていないのである（次式参照）。

$$f(\{V(\tau), \tau\}) = \text{Max.}[V(\tau) - B\exp(-r\tau), 0]$$

## 11 株主資本（株主持ち分）の価値評価と最適資本構成問題

$\begin{pmatrix} V(\tau): \text{確率過程と見なされる } \tau \text{時点での総資産価値} \\ f(\cdot): \text{総資産価値に依存して定まる株主持ち分価値} \\ B: \text{負債総額の満期償還価額}, \ r: \text{瞬間リスクレス・レート} \\ \tau: \text{満期までの残存期間} \end{pmatrix}$

$V(\tau)$ の確率過程を

$$dV(\tau) = (\alpha V - C) dt + \sigma V dz$$

とすれば，

$$E[dV(\tau)] = (\alpha V - C) dt$$
$$Var[dV(\tau)] = E[dV^2] - E^2[dV]$$
$$= E[(\alpha V)^2 dz^2]$$
$$= \sigma^2 V^2 dt \text{ より,}$$
$$V(\tau) - V(0) = \int_0^\tau dV(t) dt \approx (\alpha V - C) \tau + \sigma^2 V^2 \tau$$
$$\therefore \text{Prob.}[\{V(0) + (\alpha V - C) \tau + \sigma^2 V^2 \tau - B \exp(-r\tau)\} < 0]$$

　企業価値評価を，資本構成側から眺めれば，負債（プット・オプションの売りポジションに相当）と株主持ち分（コール・オプションの買いポジションに相当）との組み合わせオプションの評価と見なすことができる．二つのオプションは，企業資産という同一の資産を原資産とし，$D$ という同一の権利行使価格を有する．第11.1図のサンプル・パス（標本見本路）は，あり得る両資本の道程

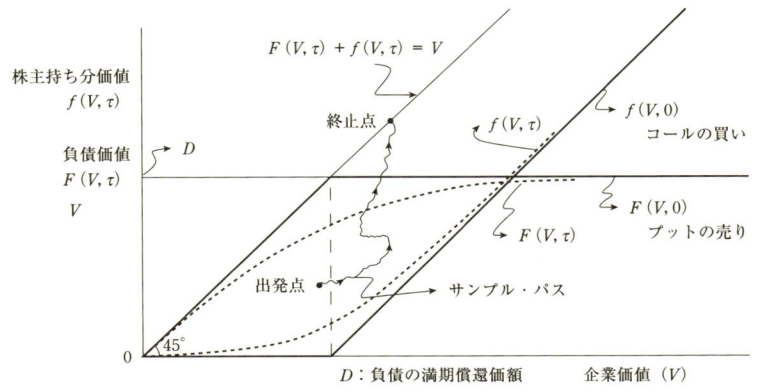

**第11.1図** オプション理論を企業価値評価に応用する図

の一つを例示したものである。ここで，理論上，$f(V, \tau)$ から $V(\tau)$ への因果関係は認められないが，実際上は機能している。また，残余価値としての持ち分価値を $V(\tau) - F(V, \tau) = f(V, \tau)$ として求めることは構わないが，$F(V, \tau) + f(V, \tau) = V(\tau)$ は，自然にいつでも成立している恒等関係ではなく，条件式として成立させなければならない関係式である。このような克服すべき理論上の問題が存在している。

**持ち分に関連したその他のテーマ**

近時，わが国においても，トラッキング・ストック（Tracking Stock）のことが言及されている。トラッキング・ストックとは，企業内の特定の事業部門や特定の子会社の業績に連動することを企図した株式のことである。巨大化した企業組織のなかの，活性化部分の外部評価可能性に対する期待とともに，そのような価値の弁別機能を株式市場が持ち得るかについて，基本的な懐疑の声も聞かれている。今後の動向に注意する必要があろう。

## 11.2 M＝M仮説第Ⅱ・Ⅲ命題に関連して

「企業価値は，その資本構成いかんには依存せずに独立して定まる」という，8章のモジリアーニ＝ミラー仮説第Ⅰ命題について，今後，明らかにしなければならないことは，負債比率の増加に伴う財務リスクの上昇というマイナスの効果を，当該事業が属するリスク・クラス（M＝M論文中での表現）変更にいかに結びつけるのかということである。詰まるところ，企業価値は，プラスの財務梃子効果とマイナスの財務リスク効果との引っ張り合いのなかで，両効果が相拮抗する負債比率に対応する点で最大になる，という予想の妥当性が検証可能な枠組みが求められている（第11.2図）。財務リスク効果をも勘案した資本コスト

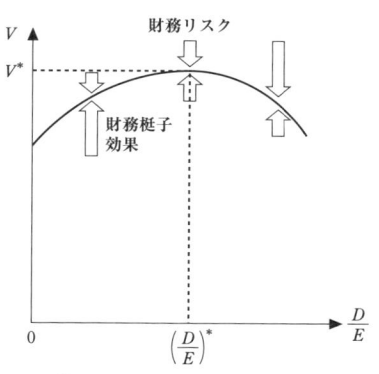

**第11.2図** 財務リスクと財務梃子効果

は，このような負債比率に対応した点で，最小値をとることになるはずである。

また，モジリアーニ＝ミラー仮説の第Ⅲ命題として，「企業の資本コストは，その資本構成には依存しない」という主張がなされるが，この結論には，多くの留保が必要であると考えている。新規投資の実行を考える際，投下する資本以上に，企業価値を高めなければ株主の利益にはならない。したがって，投資実行に伴う株主の有利不利は，当該投資案からの収益性評価に依存する。ここまでの論理は認められよう。しかし，それゆえ，収益性の評価は，投資のための資金がいかなる形態で調達されるのかには依存しない。その結果，上記の第Ⅲ命題が成立するという段には，論理の飛躍があるように思われる。

上記文脈においては，資本コストと必要資産収益率との同等性が暗黙のうちに仮定されており，当該仮定の妥当性検証は上述の論理展開中には見出せないのである。要は，財務リスクの変化が，資本コスト水準に影響を与えないという積極的な証明が見当たらないのである。

## 11.3　EBIT-EPS 分析による最適資本構成

株価の尊重は，一株当たり利益の上昇に関心を向かわせる。つぎに，限界的な資本調達の決定に役立つかも知れぬ，EBIT-EPS 分析のモデルを紹介しておこう。出発点は，まさに，EPS の定義式である。すなわち，

$$EPS \equiv \frac{\pi^\tau}{N} = \frac{(EBIT - iB)(1-\tau)}{N}$$

$$= \frac{1-\tau}{N} \times EBIT - \frac{iB}{N} \times (1-\tau)$$

$$\begin{pmatrix} i：支払利子率,\ B：確定利を支払うべき債務金額 \\ \tau：法人所得税率,\ N：既発行株式数,\ \pi^\tau：税引後利益 \end{pmatrix}$$

ここで，縦軸に EPS を，横軸に EBIT をとって，増資により資本を調達する場合と，借入れによって資本を調達する場合とを比較すれば，株主資本で調達する際は，

$$EPS = \frac{1-\tau}{N+\Delta N} \times EBIT - \frac{iB}{N+\Delta N} \times (1-\tau)$$

となり、反対に財務レバレッジを掛ける場合は、

$$EPS = \frac{1-\tau}{N} \times EBIT - \frac{iB + r\Delta B}{N} \times (1-\tau)$$

となる。ここで、$\Delta N$ は新規発行株式数を表わすものとし、$r\Delta B$ は新規負債発行に伴う支払利息増額部分を示すものとする。さて、いずれの資金調達手段を採っても、EPS が同一水準になる EBIT の値は、上記二つの式の右辺を相等しいとおくことにより、その答えは、

$$EBIT^* = (iB + r\Delta B) + \frac{N}{\Delta N} \times r\Delta B$$

となる。上式で求められる値よりも、将来のキャッシュフロー予想額が高ければ、一株当たり利益を高めるという見地からは、負債による資金調達の方が有利であるし、反対に、将来のキャッシュフロー予想額が EBIT* の値よりも下回れば、株式による資金調達の方が好ましいと判断される（第11.3図）。

このように、EBIT-EPS 分析では、将来キャッシュフローの予想を行わなくてはならない。また、財務リスクの影響が全く考慮の外にあるため、結果として得られる資本構成の最適性は何ら保証されていない。さらに、株式による資

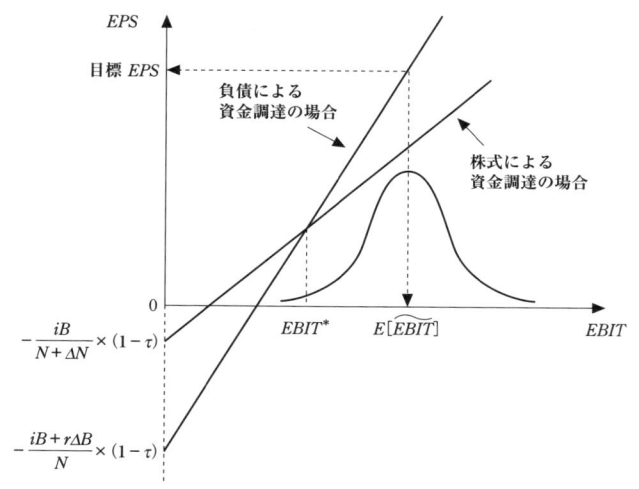

**第 11.3 図** EBIT-EPS 分析図

金調達の場合，株価の稀薄化効果および将来配当の増加効果のため，株式のコストを増大させることになるが，このような株式コストの上昇は，本分析枠組み内に，いかなる効果をも及ぼすようには取扱われていない。

## 11.4　エージェンシー理論に関連して

　企業の所有者である株主をプリンシパル（Principal）という。そして，株主から当該企業の経営を委託されている経営者（エージェント，Agent）との間に**株主資本のエージェンシー・コスト**が発生する。他方，当該企業に資金を貸している金融機関等のプリンシパルとやはり，その負債契約の義務を果たすべきエージェントたる経営責任者との間にも**負債のエージェンシー・コスト**が存在し，その双方に着眼することにより，最適資本構成の存在を明かそうとするアプローチである。

　ここで，株主資本のエージェンシー・コストとは，経営者が株主のエージェントとして行動するかどうかを監視する株主側のコストならびに株主のために活動しているという証を株主に与えるための経営者側のコストの合計である。この株主資本のエージェンシー・コストは，株主と経営者との間の関係を良好に維持するために必要なコストであるから，負債比率が低ければ低いほど高くなると考えられる。

　他方で，負債のエージェンシー・コストについては，負債契約どおりの契約履行を保証するためのコストと見ることができるから，その負債比率が増せば増すほど，負債提供者と経営者との間に発生するコストが増すと考えられる。すなわち，負債比率の増加に伴って減少する株主資本のエージェンシー・コストと，反対に，上昇していく負債のエージェンシー・コスト，これら両者のエージェンシー・コスト合計が最小になる点に対応した負債比率を最適と見なすアプローチである。

　課題は，そのようなエージェンシー・コスト関数をいかにして把握したらよいのかということであろう。

# 12 価値評価論再論

## 12.1 企業価値評価を巡って

### 配当政策は株価とは無関係か

　長期的な戦略，経営方針に関連して，ここで，**配当政策の無関係性命題**（the Irrelevancy Postulation of Dividend Policy）に言及しておかなければならない。配当政策の無関係性命題とは，株主は，その投資している株式資本からのリターンについて，現金配当という直接的な受取り形態にしろ，内部留保という企業投資機会への再投入による将来における潜在的受取り形態にしろ，同一の利回り水準を要求しているはずである。したがって，実現した利益のうち，どれほどを配当に振り向けるか（どれほどを内部留保とするか）の意思決定は，株式の期待収益率（株式コスト）を不変に保つため，当該企業の株価に影響を与えないはずである，という仮説である。

　同命題は，配当か内部留保か，という意思決定は，株式コストを変えるものではないので，株主資本を評価するためのキャッシュフローが不変である限り，株主資本評価額，すなわち，株価（一株当たり株主資本評価額）も不変に保たれるという論理によっている。

　いま，株価を $P_0$，現金配当を $d_1$，株主持ち分コストを $R_E$ とすれば，
株価＝配当説により，

$$P_0 = \frac{d_1}{R_E - g}$$

　ところで，現金配当は，税引き後利益（$\pi^r$）のうち内部留保を差し引いた，残りの部分であるから，内部留保率を $b$ で表わすことにして，配当成長率 $g$ は

---

　本章の内容は，成蹊大学『経済学部論集』に所載された4著作を用いて加筆・再構成したものである。成蹊大学経済学部学会の許諾により，ここに収載させて頂き，同学会に感謝するものである。

内部留保分に関する収益率であるから，$g=b\cdot R_E$ が成り立つので，

$$P_0 = \frac{\pi^{\tau}\cdot(1-b)}{R_E-g} = \frac{\pi^{\tau}\cdot(1-b)}{R_E-b\cdot R_E} = \frac{\pi^{\tau}\cdot(1-b)}{R_E\cdot(1-b)}$$

$$\therefore P_0 = \frac{\pi^{\tau}}{R_E}$$

このように，分子の配当流列からも，分母の割引率からも，ともに，$(1-b)$ という項目が変形によって導かれる。よって，配当政策（内部留保率の増減）が，株価の形成には関係しないことが明らかにされる。

株価・配当説において，内部留保率は株価の決定には関与しない，ゆえに，配当政策いかんは，株価形成とは無関係であるということを，上式のように示すことができる。

しかしながら，一般には，同一期間において，全く同一金額の配当をする場合，その折々における損益の状況に依存して，配当を上げ下げするよりは，徐々にではあっても，配当を漸増させるような政策の方が株価形成にとって望ましいという判断が一般的である。また，配当政策に関する実証研究の結果では，企業の経営陣が公表する，長期における配当政策のもつ情報内容に対して投資家が抱く反応が，株価に影響を与えていないわけでは決してないことも確認されている。

現行のコーポレート・ファイナンスにおける資産価値評価理論のデファクト・スタンダードが現在価値法であることは，既に，解説ずみである。反証による棄却可能性が理論存立のための必要条件である限り，この現在価値法にも欠点がある。しかも，現在の大規模化・複雑化していく経営組織体システムの急変状態に照らして鑑みるとき，現在価値法がもつ欠点は，最早，対症療法的な単発的改良・改善で事済めりという段階を遥かに逸脱した経営現場との不適合領域に入っており，現在価値法自体の抜本的転換が迫られているように考える。

そこで，一試論として，前述した企業評価論がもつ数々の短所を全面的に克服する形を想定した上で，今後，われわれが目指すべき企業価値評価論の方向性を瀬踏みしてみることにしよう。

## 12.2 現在価値法が内包する矛盾点の数々

**現在価値法は伏魔殿**

現在価値法は，実践経営の場においてもアカデミズム内においても，価値評価理論の標準としての地位を得てから久しい。しかしながら，実用上および学問上，多くの問題点もしくは限界も同時に認識されてきている。にもかかわらず，標準的な価値評価手法として現在まで広く用いられているのが実状である。このように，現在価値法がもつ多くの問題点を認識しつつも，それらを克服する努力が全面的に発動されなかったのには，いくつかの事由が考えられる。なかでも最大のものは，問題が相互に依存・関連し合っており，一面的な改良・改善を受け付けない構造をもっていることであろう。他の理由は，既述したとおり，企業価値評価という「収益性」の問題解決のなかに入っているべき，「流動性」の問題が評価理論の今までの発展過程で，遮断され排除されてきてしまったという事実にあろう。

そこで，学界標準，業界標準となっている価値評価理論としての現在価値法が有する問題点および諸限界を総合的に検討することによって，既存の評価方式の全面転換の方向もしくは，あるべき価値評価理論の将来における発展の方向を明らかにすることとしよう。

**資産価値評価と割引率推定の同時性**

まず，最初に，現在価値法における資本コスト推定と価値評価額評価に関する基本的関係についての疑問の提示から始めよう。通常，現在価値法では，恒常的資本調達金利の平均水準を示す加重平均資本コストを求めておき，ある資産の将来に亘る運用から期待される収益のキャッシュフロー予想値を，その加重平均資本コストで割り引くことによって，当該資産の評価額を算出する。つぎに，資産の価値評価式と加重平均資本コスト算出式を列挙しておく。

$$V_A \Leftarrow \sum_{t=1}^{+\infty} \frac{E_0\left(\textit{Net Cashflow}(t)\right)}{(1+\rho)^t} \quad \text{(a)}$$

$$\rho \Leftarrow E(\tilde{R}_E)\frac{E}{E+LD} + (1-\tau)R_{LD} \times \frac{LD}{LD+E} \quad \text{(b)}$$

ところが，総資産価値＝負債価値＋株主資本価値，すなわち，

$$V_A = SD + LD + E$$

$\rho$：加重平均資本コスト，$E$：株主持ち分価値，$LD$：長期借入資本
$\tau$：法人所得税率，$R_E$：株式コスト，$R_{LD}$：借入コスト
$SD$：短期借入資本，$V_A$：総資産価値

であることから，求められた資産の評価額から，株主持ち分価値が求められることになる。

そして，このようにして導かれた株主持ち分価値（$E$）の値は，最初に加重平均資本コストを求める際に用いた株主持ち分価値と合致するとは，一般にいえないのである。そもそも，当初，加重平均資本コストを算出する時に持ち分コストの重みとしてインプットされる $E$ の値は，市場株価×既発行株式数であったり，株主資本の簿価であったりする。そして，最初に求められる，資産評価額から負債総額をマイナスされた結果値としての株主持ち分価値額は，当初にインプットされた株主持ち分価値額と一致する保証は全くないのである。

したがって，現在価値法を正しく適用するには，式（a），（b）を連立して，株主持ち分価値（$E$）と加重平均資本コスト（$\rho$）の2変数について同時に解くことである。これ以外の解法は，理論の誤用である。論理的には，$E$ と $\rho$ との同時解法が，常に可能とは限らないのではあるが，実際に，実在企業のデータを用いて同時解を求めるために，逐次代入により答えを求めていけばわかるように，解が発散するケースは，一般に見受けられない。

このように，第一の問題は，その理論構造に由来する，資産評価価値額と資本コストとの同時決定性の問題といえよう。

**加重平均資本コストは資本コストが変化しても不変という仮定**

加重平均コストは，上式からもわかるように，長期に作用する借入資本および株主資本の調達コストを，それらの資本構成比率により加重平均した値として求められる。ここで，資本構成比率には，実際の貸借対照表の簿価から算出されたり，株主資本のみを市場価値化したり，また，長期借入資本と株主資本との両者の中長期的目標比率が用いられることがある。

このようにして，加重平均資本コストを算出する場合に生ずる問題は，企業

が採る絶えざる投資行動の結果，貸借対照表が不断の変化を受けている事実を無視することである。これが，第二の問題である。

それでは，投資行為による小規模な貸借対照表の追加創出効果を，加重平均資本コスト算出に，いかに反映させたらよいのであろうか。投資に対応した小規模貸借対照表の出現により，そこには，いわば，加重限界資本コストと呼称されるべき資本コスト概念が生ずる。ここで算出される加重限界資本コストを，絶えず，加重平均資本コストの値のアップデート化に寄与するように定める必要がある。

そのようにすることで，絶え間なく変化し続ける現行の金利水準や株価水準と，長期的平均的な資本コストとの乖離を気にしなくても済むようになる。特に，最近時における企業評価タイミングの短縮化要請に呼応しようとすると，実行されていく投資に伴う資産構成の変化，資本構成の変化を放置しておく従来型の加重平均資本コスト推定を用いる意味は，ますます薄らいできているといえよう。また，加重平均資本コストのアップデート化により，一方で，目標資本構成比率を用いながら，他方で，実際の資本構成比率の推移は価値評価上無視しているという従来のやり方における矛盾も回避されることになる。さらに，投資の実行に伴う事業ポートフォリオの構成変化に対応した資金調達構造の変化にも即応する，包括的な資本コストをもって，新たな投資案件の評価が可能になるのである（下式を参照，第1式は現状加重平均コストを，第2式は追加的資本にかかわる加重限界資本コストを，第3式は両者を合計した加重平均コスト式を表わしている）。

$$P = R_E \left( \frac{E}{E+LD} \right) + R_{LD} (1-\tau) \left( \frac{LD}{LD+E} \right)$$

$$\rho = r_e \left( \frac{e}{e+ld} \right) + r_{ld} (1-\tau) \left( \frac{ld}{ld+e} \right)$$

$$P^* = R_E \left( \frac{E+e}{E+LD+e+ld} \right) + R_{LD} (1-\tau) \left( \frac{LD}{E+LD+e+ld} \right) + r_{ld}(1-\tau) \left( \frac{ld}{E+LD+e+ld} \right)$$

しかしながら，加重限界資本コストを投資案件の評価に用いようとすると，また別の問題に逢着することになる。それは，加重限界資本コストに連動し

て，加重平均資本コストも絶えず変化させられる状況下では，投資案件を評価する順番いかんで，その諾否が左右されてしまう可能性である。そのような問題に対する解決法は，流動性管理の視点を併せて勘案することであろう。特定の群の投資案件を，事前の加重平均資本コストで評価すると同時に，その投資案件グループが企業全体にとってどれほどの流動性負担を強いることになるのか，それらの収益性と流動性との二つの視点から，望ましい投資案件のグルーピングを決定するというアプローチが選択されるべきであろう。

すなわち，第二の問題は，平均資本コストと限界資本コストとの関係であり，その解決には，「収益性」の評価という視点に加えて，「流動性」の視点をも持ち込まざるを得ないことが明白であろう。

### 加重平均資本コストは財務リスクと無関係という仮定

第三の問題は，加重平均資本コストに，財務リスクが反映されていないことである。前述（式(b)）の加重平均資本コスト式から，

$$\rho = E(\tilde{R}_E) + [(1-\tau)R_{LD} - E(\tilde{R}_E)]\frac{LD}{LD+E}$$

ここで，一般に，株式資本コストは，税引き後負債コストを大きく上回るから，負債比率を高めれば高めるほど，加重平均資本コストの水準は，下がっていき，その極限値は，税引き後負債コストの値そのものとなる。実際には，負債比率を上げれば上げるほど，財務リスク（もしくは倒産リスク）の高まりに応じて，その分，資本コストも上昇していくと考えるのが自然であるにもかかわらず，通常の加重平均資本コストの定式化においては，その値は，負債比率の上昇に応じて，一方的に線形に下落していくのである。そこで，この資本コスト概念のなかに，負債比率上昇に伴う倒産の危険性を量化して反映させる必要がある。ファイナンス理論において，財務リスクの定義は，事業リスクとの見合いでなされ，倒産リスクの定義とは，別文脈においてなされてきている。

ここでは，倒産の危険性を財務リスクとして，以下のようにとらえることにしたい。

Prob.（営業キャッシュフロー＋受取利息・配当金－長期・短期負債利子

　　　　－負債元本当期返済分－主要運転資本の増加分－支払い配当金＜0)
　全く同一の事業を負債なしに営む場合のリスクは，同様にして，
　　Prob.（営業キャッシュフロー＋受取利息・配当金－主要運転資本の
　　　増加分－支払い配当金＜0)

となるから，結果として，両者の確率の差として，財務リスクは定義可能である。この上の式でとらえられた倒産の可能性を財務リスクのプレミアムとして，資本コストに「上乗せする」ことによって，事業リスクを反映する株式コストに加えて，財務リスクをも包含することになる割引ファクターを得ることができる。

　このように倒産の危険性を具体的な数値情報として入手するには，キャッシュフローの大元となる売上高予想値について，意味のあるシミュレーションがなされねばならない。また，伝統的に，$\beta$値を用いて株主持ち分の推定コストに包含される事業リスクは，改めて，株式市場全体の動きとの相関関係によって規定される「事業リスク」であるとの認識を再度，確認した上で，上記の操作によって定義される資本コストには，倒産に伴うリスクの二重カウントはないということができよう。

　詰まるところ，第三の問題は，現行の資本コスト算定に倒産の危険性が含まれていない，その結果，借入れをすればするほど資本コストの最小化が図られ，したがって，財務梃子効果と倒産の危険性（財務リスクで測った）とのトレードオフ上で評価価値額が最大化されるという最適問題が定立され得ないことといえる。

### 将来キャッシュフローの予測問題

　第四に，将来キャッシュフローに関する予測可能性の問題がある。その一つは，残存価値の評価に関するものである。評価期間最終期における予測キャッシュフローを，アニュイティーとして無限流列化した上で，その期までの現在価値をもって残存価値と見なす一般的な手法に伴う過大評価性に注意する必要がある。筆者は，同じ最終期における予想貸借対照表に基づいた残存価値を算出する方が，バイアスの少ない評価であると考えている。

二つ目は，予測すべきキャッシュフローの確率分布が左右対称の単峰型であるとしても，その予測時点が将来になればなるほど，たとえその期待値が同一水準であっても，分散は大きくなっているはずである。このことは，(1＋割引率)$^t$ が，確率分布のフラット化の特性を捕捉していると考えても良いのだろうか。この点については，議論を現行のレベルよりも精密にする必要があると思われる。

三つ目は，キャッシュフローの分布形状が正規型ではなく，その確率分布の期待値を採っても，適切な情報に成り得ない場合である。例として，ベンチャー事業のキャッシュフロー予測をする場合の困難があろう。一般に，ベンチャー事業に随伴するキャッシュフローの分布形状は，キャッシュフローのマイナス領域に一つ，また，プラス領域にもう一つという，二つのピークをもつ，決して単峰型にはならない確率分布であろう。この点に関する解決の方途は，幸いなことに，リアル・オプション理論の登場によって，既に用意されている。

それは，対象となる確率分布からのキャッシュフローに対応した枝ごとに確率を付与することが可能だからである。売上高が増せば増すほど，次期に売上高が上方にシフトする確率が高まり，他方，売上高が減れば減るほど，翌期に売上高が下方にシフトする確率が高まる構造を設定すればよい。リアル・オプションの考えは，経営陣によって下される，状況に依存する伸縮的な意思決定を，いとも容易にその評価プロセスのなかに閉じ込めることを可能にした。

現在価値法では，決して処理できないような状況，例えば，景気および競合他社の動きを見た上で，自社にとってのつぎなる一手を決めるというような経営選択を意思決定樹上で表現し，状況依存型意思決定選択肢，すなわち，「戦略」とこれまで呼ばれていたものを，リアル・オプションと再定義することにより，経営陣による状況依存的経営選択行動を価値評価に反映できるようになった。

つぎの五番目の問題に関する解決の途とともに，このリアル・オプションの考え方は，今後の価値評価理論における不可欠な大きな流れの一つになろう。ある意味では，意思決定樹の復権，ベイジアン・ブームの再来が予見される。

以上，第四の問題は，総じて，キャッシュフロー予想上で生ずる問題を，より精緻化して把握する必要と，その問題解決に応じるリアル・オプション理論の登場・発展に関連している。

### 三つの最適化問題の等価性

第五の問題は，第一の問題として指摘したように，資産価値評価問題は，資本コスト推定の問題と表裏一体の関係にあり，さらには，つぎに定義する資本調達ポテンシャル最大化問題と一致するという視点から，今後，資産価値評価に関する動的モデルを考案していく必要がある。その意味で，現行の現在価値法に大きな問題があるということである。いま，$n$ 期までのキャッシュフロー予測値から成る列ベクトルを $x$ とし，

$$(1+\rho(1))^{-1}\cdots(1+\rho(\tau))^{-1}$$

を，$\tau$ 期における割引率として，それらを要素とする $n$ 期までの行ベクトルを $c$ とし，さらに，要素が各期の予想キャッシュフローの上限値 $W(t)$ から成る $n$ 次列ベクトルを $U$ とすれば，現在価値法による資産価値最大化の定式は，

$$\begin{aligned}& \underset{x}{Max.}\, z = cx \\ & S.T.\ Ax \leqq U \\ & \quad\ \ x \geqq 0\end{aligned}$$

ただし，ここで，$A$ は，対角要素のみ各期に対応した確実性等価係数，非対角要素はすべて 0 から成る $n$ 行 $n$ 列の正方行列とする。これに対して，資本コスト最小化問題は，

$$\begin{aligned}& \underset{y}{Min.}\, z = Uy \\ & S.T.\ Ay \geqq c \\ & \quad\ \ y \geqq 0\end{aligned}$$

ただし，$y$ は，$(1+\rho(1))\cdots(1+\rho(\tau))$ を一般項とする $n$ 期までの列ベクトルとする。以上の定式化で示されたように，資産価値最大化問題と表裏一体関係にある資本コスト最小化問題は，線形計画法における双対性定理が当てはまる構造を有している。ただし，上例では，全ての予想キャッシュフローが非負であるという条件を満たさねばならない。

つぎに，そのようにして求められた企業価値から負債総額の内在（もしくは市場）価値を差し引き，さらに株式の市場価値を差し引いた値がプラスのとき，そのプラス分を資本調達ポテンシャルと呼ぶことにする。定義により，企業価値最大化問題と資金調達ポテンシャル最大化問題とは，一致する。同様に，動的な枠組み内で設定される評価問題においても，資本コスト最小化と企業価値最大化と資金調達ポテンシャル最大化というそれぞれの問題の解は，整合的でなければならないと考えられる。

**目指すべき価値評価理論**

最後に，今後の企業価値評価理論として，われわれが目指すべき方向であるが，以上の議論展開から明らかなように，一つの流れは，リアル・オプションに則った，主観確率ベースの多様な状況依存型選択肢を数多く含むような意思決定樹に基づく価値評価の方向であろう。他方で，企業価値評価の動態経路が，例えば，企業の計画する資本支出計画および資本調達政策いかんによってどのように変化するのかをとらえた上で，異なった企業価値動態経路間での比較が可能になるような比較動学の分析枠組みが，現在価値法の延長線上で求められているのではないだろうか。ある意味で，多期間の資産・負債総合モデルによる企業価値評価理論と呼べよう。

このような二つの流れに付け加えるならば，収益性と流動性との同時考慮が求められている。これらの潮流を統合する向きに，今後の価値評価理論の目標が設定できるものと考えている。あるべき価値評価理論の未来型，それは，多期間評価モデルであり，資産＝負債＋持ち分の関係が常に満たされており，ストックの価値＝将来フローの現在価値が成り立っており，同時に流動性も考慮されていて，かつ，経営陣による可能な意思決定選択肢も入っている。このような評価理論構築への歩みを，段取り良く進めていかなければいけないと思われる。

## 12.3 「限界原理」導入の必要性および現在価値法，修正現在価値法，そして限界現在価値法

**「限界原理」は未導入**

現行の現在価値法に内在する弱点や限界の数々は，一つの構造を形成しているため，部分的な改良や改善を許すような状況にはない。しかし，その突破口は存在する。その候補の一つが，加重平均資本コスト概念使用の吟味である。加重平均資本コストは，企業が更なる投資や資本調達を必要としない均衡状態において，総資産収益率の水準に合致する。均衡において，総収益は資本調達源泉に対する報酬（費用）としてその源泉全てに過不足なく分配されなければならないからである。

ゆえに，加重平均資本コストをハードル・レートに設定する投資プロジェクト諾否の判断は，

① 調達する資本の平均コストを上回る限界的な投資収益率であれば良いか，

② 総資産に対する平均的な収益率を上回る限界的な投資収益率であれば良い，

という選択基準を採用しているのである。

①では，新投資に関わる限界収益＞資本の平均費用という判定ルールが，②においては，新投資に関わる限界収益＞資産の平均収益という判定ルールを機能させているのである。このような判定ルールが支配する世界においては，ミクロ経済学における企業の生産数量の最適化で見られるような，限界収入＞限界費用である限り生産量を増加していき，最終的に限界収入＝限界費用が達成される点で生産量を決定するという周知の限界原理は，認められない。本来，ミクロ経済学の応用であるコーポレート・ファイナンスの中軸である資産価値評価理論において，いまだ限界原理が導入されていないという，驚くべき事実に改めて気づかされる。

このような限界原理未導入の事態から脱却するには，結論を急ぐと，今まで便宜的に継承されてきた投資の意思決定と，資本調達の意思決定を分析上，人

為的に分離することを止めなくてはならない。実際上でも，投資案件を評定する際には，その資金源泉に対する手配まで，勿論，十二分に考慮しているわけであり，反対に，資金を調達する際には，何に使用するための資金であるかを企業は明確に表明させられている。つまり，投資プロジェクトとそれに随伴する資本調達とは，一対をなして一体化しているのが現実である。これを，分析の簡素化のためという名目のもとに，分離して取扱うことに慣れ親しんでしまったことから，まさにさまざまな形をとった理論上の不整合が発生していると思われる。

**「限界現在価値法」とは**

ここで提案する限界現在価値法（Marginal Present Value Method）は，12.2 で論じたような現行の現在価値法ゆえに生ずる諸問題をほぼ全面的にクリアする。そこで，まず，簡単な数値例題を用いて，現行の純現在価値法，修正現在価値法，それに新登場の「限界現在価値法」を比較して，その特徴を見極めることにしよう。

いま，第 12.1 表のような数値で表現される投資プロジェクトを考える。さらに，持ち分コスト 10％，負債コスト 6.8489％，負債比率 35％，財務リスク 2％，法人所得税率 48％を仮定すれば，加重平均資本コストは，7.7465％（税引後ベース），財務リスクを含むハードル・レートは，9.9014％（$=(1+0.07465)*(1+0.02)-1$）のようになる。

**第 12.1 表** 純現在価値法の計算

|  | 第 0 期 | 第 1 期 | 第 2 期 | 第 3 期 |
|---|---|---|---|---|
| 初期投資金額 | −100 |  |  |  |
| 税引き後利益 |  | 8.3595 | 24 | 50 |
| 支払利子 |  | 2.3971 | 6.1021 | 5.6092 |
| 減価償却費 |  | 19 | 15 | 11 |
| 残存価値 |  |  |  | 35 |
| 投資キャッシュフロー | −100 | 29.7566 | 45.10215 | 101.6092 |
| ＠割引率 | 9.9014％ |  |  |  |
| 割引済み投資キャッシュフロー | −100 | 27.08 | 37.34 | 76.55 |
| 総現在価値 | 140.96 |  |  |  |
| 純現在価値 | 40.96 |  |  |  |

第12.1表の投資キャッシュフローに，9.9014％のハードル・レートを用いて総現在価値を求めると，ほぼ，¥140.96となる。この数値から初期投資金額¥100を差し引いて，純現在価値¥40.96を得る。このように，総合キャッシュフローに単一の割引率を適用して現在価値を求める算出法に対して，修正現在価値法は，投資キャッシュフローを構成する要素であるキャッシュフローの個別要素項目ごとに，その内包するリスクが異なれば，その異なったリスクに対応した割引率を当該個別要素項目部分に適用すべきという考えに立つものである。第12.1表のとおり投資キャッシュフローは，税引後利益，支払利子，減価償却費（および残存価値）の3構成要素より成るものとする。修正現在価値法の基本的考えに従いつつ，一算出例として，以下のように計算を施した。
　税引き後利益には持ち分コストに財務リスクを加味した割引率を，支払利子には負債コストを，減価償却費には加重平均資本コストを適用することとしたので，それぞれのキャッシュフロー個別要素項目部分を，今述べた割引率で割り引いて現在価値を求めることにより，第12.2表のように，総修正現在価値¥139.32および純修正現在価値¥39.32が算出される。
　修正現在価値法においては，通常の現在価値法では問われなかったシナジー効果（ないしは逆シナジー効果）に関する明瞭な答えが要求されてくる。単純な現在価値法において，トータルな投資キャッシュフローを単一の割引率で割り引く際には，何ら疑問視されなかったシナジー効果への計量欲求が，投資キャッシュフローを複数構成要素に分解することによって生じてくるのである。この問題の根本的な解決のためには，シナジー効果のなかでも，把握することがより困難と目されている質的要因を，いかに最終評価額に反映させるかという課題解決が図られねばならない。しかしながら，筆者の本章での探求課題は，評価理論への「限界原理」の導入とその相対的位置づけにあるので，この点についての詳細な考察は別の機会に譲り，ここでは差し控えることにする。
　以上で展開された現在価値および修正現在価値の概念と，その具体的な算出方法に対峙して，新たに論じられる限界現在価値の概念は，前二者とは根本的に異なるものである。

## 第12.2表　修正総現在価値法の計算

|  | 第0期 | 第1期 | 第2期 | 第3期 |
|---|---|---|---|---|
| 初期投資金額 | −100 | | | |
| 税引後利益 | | 8.3595 | 24 | 50 |
| ＠割引率 | 12.20% | | | |
| 割引済み税引後利益 | | 7.451 | 19.065 | 35.399 |
| 支払利子 | | 2.3971 | 6.1021 | 5.6092 |
| ＠割引率 | 3.5614% | | | |
| 割引済み支払利子 | | 2.309 | 5.690 | 5.050 |
| 減価償却費 | | 19 | 15 | 11 |
| ＠割引率 | 9.9014% | | | |
| 割引済み減価償却費 | | 17.288 | 12.419 | 8.287 |
| 残存価値 | | | | 35 |
| ＠割引率 | 9.9014% | | | |
| 割引済み残存価値 | | | | 26.367 |
| 割引済み投資キャッシュフロー | −100 | 27.048 | 37.173 | 75.103 |
| 修正総現在価値 | 139.32 | | | |
| 純修正現在価値 | 39.32 | | | |

　その理由の第一は、限界価値概念においては、投資プロジェクトを評価する際には、当該投資プロジェクトを実際に金融する資金調達側の評価も併せて行うことにある。伝統的に踏襲されている投資案件評価と資金調達案件評価の人為的な分離作業に陥ることなく、投資に対応した資金調達を同時に分析・評価することにより、理論的にも矛盾が少なく、かつ、より実践的な評価法を得ることができる。

　その第二の理由は、投資案件でのキャッシュフローから導かれる内部収益率（損益分岐点に対応した限界投資収益率）が、資金調達案件における将来キャッシュフロー（主としてマイナスである）に対する割引率として用いられる一方で、資金調達案件でのキャッシュフローから求められる内部収益率（欧米式最終利回りそのものに他ならない、限界資本コスト）が、投資案件における将来キャッシュフロー（主としてプラスである）に対する割引率として適用される。このとき、限界原理に従えば、限界投資収益率が限界資本コストを上回る限り、評価投資案件は投資するに価するという判定になる。従前からの投資プロ

ジェクトと資本調達プロジェクトを意識的に分離する分析アプローチの背後には，限界原理に従う判定ルールを採用すると，それらの限界値が評価を受ける順番に依存してしまうことになり，評価上の困難が増すという論理があった。そのような論理には，企業価値最大化の視点から，プロジェクトの評価は，ある一定時点において，既存のもの，新規のものこれら全てをまとめて一斉に行うべきである，と反論することができる。プロジェクトの評価を評定に出てきた順序に応じて五月雨式に行うのは，最適化の視点から決して得策ではない。

　以上の手続きに応じて，プラス・サイドのキャッシュフローの現在価値に初期資金調達額を加えたもの（これを総限界現在価値 GMPV(＋) と表記）とマイナス・サイドのキャッシュフローの現在価値に初期投資金額を加えたもの（これを総限界現在価値 GMPV(－) と表記）を算出し，その両者を加算することにより，純限界現在価値（Net Marginal Present Value, NMPV）を導き出すことができる。このことにより，投資プロジェクトとそれに随伴する資金調達プロジェクトとが対をなした形で同時に評価することが可能になる。

　換言すると，投資によって生じる限界的な貸借対照表追加という経営行為の是非を巡る判定とその価値評価が可能になるのである。損益分岐点レベルで高い収益性が予見される投資案であれば，そうでない投資案に比較して，対応する資金調達の負荷を軽減させる効果を有するはずである。同様にして，損益分岐点レベルで高い費用性が不可避の資金調達案であれば，そうでない資金調達案に比して，対を成す投資案からの収益を減殺させる効果をもつはずである。限界現在価値の考え方を採ると，このような投資案件とそれに組み合わされる資金調達案との相互作用（相性）を評価のなかに入れ込むことが可能になる。

　第三の理由として掲げられることは，その結果，コーポレート・ファイナンスにおける最適化への考慮を，純粋に限界原理の領域内で行えるという，基礎理論としての完結性を指摘できよう。このことにより，ミクロ経済学の応用としてのコーポレート・ファイナンス分野の中軸をなす価値評価理論において，遅まきながら，初めて「限界革命」が陽の目を見ることになる。

　いま，期首に￥100の資金調達を行い，以降，3期に亘って等しい￥38単位

## 12 価値評価論再論

**第12.3表** 限界現在価値法の計算

|  | 第0期 | 第1期 | 第2期 | 第3期 |
|---|---|---|---|---|
| 初期投資金額 | −100 | | | |
| 税引後利益 | | 8.3595 | 24 | 50 |
| 支払利子 | | 2.3971 | 6.1021 | 5.6092 |
| 減価償却費 | | 19 | 15 | 11 |
| 残存価値 | | | | 35 |
| 投資キャッシュフロー | −100 | 29.7566 | 45.1021 | 101.6092 |
| @割引率（@IRR） | 27.5600% | | | |
| 資金調達キャッシュフロー | 100 | −20.5089 | −34.371 | −60.6076 |
| @割引率（@Iirr） | 6.3776% | | | |
| GMPV(+)(@irr) | ¥252.24 | | | |
| GMPV(−)(@IRR) | (¥166.40) | | | |
| 純限界現在価値 | ¥85.84 | | | |

の元利均等返済を約束した負債による資金調達案を，前述の投資案とペアにして考慮することにしよう。その結果，投資キャッシュフローからは，27.56％の内部収益率（これを@IRRと表記），他方，資金調達キャッシュフローからは，ほぼ6.3776％の内部収益率（これを@irrと表記）が求まる。

算出した内部収益率を，それぞれ，反対側のキャッシュフローに適用して現

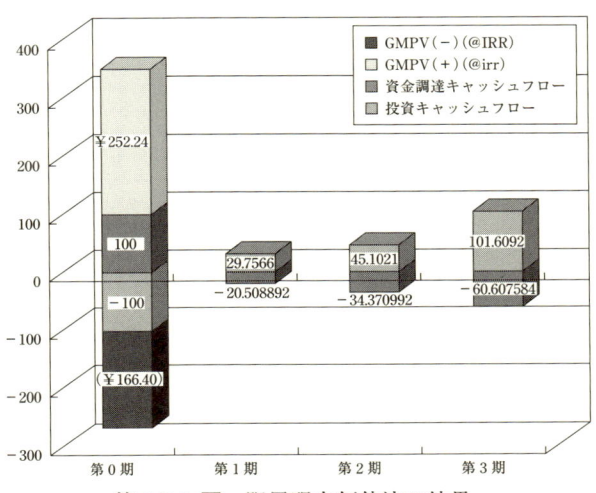

**第12.1図** 限界現在価値法の結果

在価値を求めた上で初期キャッシュフローを加減してやると，それぞれ，¥252.24 という GMPV(＋) の値と，△¥166.40 という GMPV(－) の値を得る。したがって，純限界現在価値は，¥85.84 となり正の値を得るので，このように投資と資金調達の組み合わせ案は，実施するに価するという結論が得られる。第12.1図に表示したのは，GMPV (＋) と GMPV (－) との関係を説明するためである。

### 12.4　海底油田掘削プロジェクトの分析
　　―数値例による限界現在価値法の相対的位置づけ―

　限界現在価値法は，海底油田掘削プロジェクトのようなハイリスク＝ハイリターン型の投資案件の評価においても，有用な分析結果をもたらす。通常，純現在価値法や修正現在価値法を用いて，このようなハイリスク＝ハイリターン型の投資案件を評価する場合，ほとんどマイナスの純現在価値（もしくは純修正現在価値）が得られる結果となる。主たる理由は，加重平均資本コストをベースとした割引率の採用であろう。その結果に対する理論対応策の一つが，リアルオプションの登場であった。リアルオプション・アプローチの採用により，状況依存的な選択肢の事前決定（まさに言葉の正しい意味で「戦略」そのものであるが）が投資案件評価中に取り込まれることで，ハイリスクの事態を事前に回避するように決めておくため，ハイリスク＝ハイリターン型投資であっても，より現実的な評価が可能になった。

　このようにハイリスク＝ハイリターン型の投資案件の評価に，限界現在価値法を採用すると，その投資案件が，いかなる資金調達案とともに実施予定であるのかが必然として問われるため，ハイリスクであってもハイリターンであれば，自ずと資本コストが下がり，純現在価値法や修正現在価値法が有する評価の下方バイアス性を免れているようである。

　いま，期初に，負債資本¥600，株主資本¥150 の資本調達を行い，海底油田開発投資のためのミニ・バランスシートを創設するか否かの評価をしたい。行う予定の投資は，海底油田の探索とそれに続く掘削プロジェクトである。ま

12 価値評価論再論 123

ず，0年度に海底油田の埋蔵量を確認するための調査を¥120の費用を掛けて実施する。調査の結果，油田埋蔵量が有望であるとの結論が出る場合，1年目から連続して3年目にかけて，¥200の掘削費用を掛けた開発が行われる。有望との調査の結果，幸運にも，豊富な埋蔵量の油田を掘り当てることに成功すれば，4年目から10年間に亘り，毎年均等に¥475の売上高が予見しうるものとする。負債元本および金利の支払いは，5年目から10年間に亘り，毎年均等に¥75が発生するものとする。機械設備の減価償却費負担は初年度より，¥60の定額の減価償却費が10年続き，残存価値¥0とする（第12.2図）。

以上の単純化された諸仮定のもとで，①純現在価値法による評価，②純修正現在価値法による評価，③純限界現在価値法による評価，④リアル・オプション理論（ROTと略記）による評価の比較を試みることにしよう。

まずは，純現在価値法による分析をみよう。投資に伴う収益キャッシュフローとしては，原則として，支払利息・減価償却費差引前・税引後利益（EBIDAT）を採用した。資本コストや税率の前提条件のほかに，産出量変動リスク12％と価格変動リスク8％を考慮した結果，割引率は，32.47 ( = (1 + 0.0951)*(1 + 0.12)*(1 + 0.08) − 1)％となった。純現在価値は，−¥204.18とな

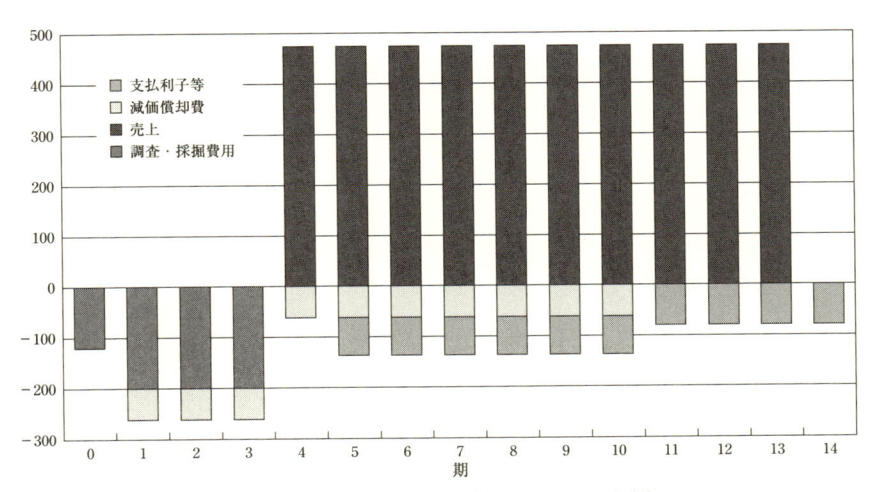

第12.2図　海底油田掘削プロジェクト例

り，この評価法によれば，油田の開発は行うべきではない，という結論を得ることとなる。

つぎの純修正現在価値法において，その投資収益フローを確定するために，税引後利益については株式コストで，支払利子等に対しては負債コストで，減価償却費部分は諸リスクを含んだ割引率で割り引くことにした。結果の純修正現在価値額は，-¥12.84 となり，やはり，海底油田開発にゴー・サインは提示しえないことになった。

第三の純限界現在価値法であるが，キャッシュフローに関して，投資収益フローには，まず売上高から所得税額を差し引き，それに，減価償却費の節税効果および支払利子の節税効果を足し戻した。調達に対する返済フローには，税引後利益額に支払利子等を加えた額を採用した。第一段階として，**12.3** で行った財務リスクや事業リスクへの考慮をせずに試算した。

結果としては，¥664.83 という非常に高い純限界現在価値額が求められ，この評価尺度によれば，海底油田開発投資は行うべしとの結論が得られる。

それは，一方で，25.72％という高水準の投資収益率をもって支払キャッシュフローの現在価値化を行っており，他方で，16.70％という相対的に低水準の調達利回りによって収益フローを割り引いているからである。第二段階では，事業リスクと財務リスクを純限界現在価値に反映させる方法について考察してみる。事業に関わる上下方リスクを個別投資収益フローの準変動係数（期待値からの乖離幅／期待値）により求める一方で，111頁から112頁にかけて求めた手順により，財務リスクを算出した。

基本的な考え方は，限界主義に則って，投資収益キャッシュフローの割引率に財務リスクが加味され，資金調達支払キャッシュフローの割引率に事業リスクが付加されるべきという立場をとるものである。

すなわち，

$$t\text{期の投資収益フローの現在価値} \Leftarrow \frac{\text{投資収益フロー}(t)}{(1+@irr)^t * (1+\text{財務リスク})^t}$$

12 価値評価論再論 125

**第12.4表 海底油田開発の純現在価値法**

| 期 | 0 | 1 | 2 | 3 | 4 | 5 | 6 | 7 | 8 | 9 | 10 | 11 | 12 | 13 |
|---|---|---|---|---|---|---|---|---|---|---|---|---|---|---|
| 調査・採掘費用 | △120 | | | △200 | | | | | | | | | | |
| 売上 | | | | | 475 | 475 | 475 | 475 | 475 | 475 | 475 | 475 | 475 | 475 |
| 減価償却費 | | △150 | △60 | △60 | △60 | △60 | △60 | △60 | △60 | △60 | △60 | | | |
| 支払利子等 | | 600 | 0 | 0 | 0 | △75 | △75 | △75 | △75 | △75 | △75 | △75 | △75 | △75 |
| 株式コスト | 42.57% | | | | 216 | 177 | 177 | 177 | 177 | 177 | 177 | 208 | 208 | 208 |
| 負債コスト | 2.40% | | | | 0 | △75 | △75 | △75 | △75 | △75 | △75 | △75 | △75 | △75 |
| 加重平均コスト | 9.51% | | | | | | | | | | | | | |
| 所得税率 | 48.00 | | | | | | | | | | | | | |
| 産出量変動リスク | 12.00% | | | | | | | | | | | | | |
| 価格変動リスク | 8.00% | | | | | | | | | | | | | |
| 割引率 | 32.47% | | | | | | | | | | | | | |
| 投資キャッシュフロー | EBIDAT | △120 | △260 | △260 | △260 | 276 | 312 | 312 | 312 | 312 | 312 | 312 | 283 | 283 | 283 |
| 純現在価値 | △204.18 | | | | | | | | | | | | | |

**第12.5表 海底油田開発の純修正現在価値法**

| 期 | 0 | 1 | 2 | 3 | 4 | 5 | 6 | 7 | 8 | 9 | 10 | 11 | 12 | 13 | 14 |
|---|---|---|---|---|---|---|---|---|---|---|---|---|---|---|---|
| 調査・採掘費用 | △120 | | | △200 | | | | | | | | | | | |
| 売上 | | | | | 475 | 475 | 475 | 475 | 475 | 475 | 475 | 475 | 475 | 475 | 0 |
| 減価償却費 | | △150 | △60 | △60 | △60 | △60 | △60 | △60 | △60 | △60 | △60 | 0 | 0 | 0 | △75 |
| 支払利子等 | | 600 | 0 | 0 | 0 | △75 | △75 | △75 | △75 | △75 | △75 | △75 | △75 | △75 | 0 |
| 株式コスト | 42.57% | △150 | 0 | 0 | 216 | 177 | 177 | 177 | 177 | 177 | 177 | 208 | 208 | 208 | △75 |
| 負債コスト | 2.40% | | | | 0 | △75 | △75 | △75 | △75 | △75 | △75 | △75 | △75 | △75 | 0 |
| 税引前株式コスト | 59.85% | | | | | | | | | | | | | | |
| 加重平均コスト | 13.89% | | | | 415 | 340 | 340 | 340 | 340 | 340 | 340 | 400 | 400 | 400 | |
| 所得税率 | 9.51% | | | | | | | | | | | | | | |
| 産出量変動リスク | 48.00 | | | | | | | | | | | | | | |
| 価格変動リスク | 12.00% | | | | | | | | | | | | | | |
| 割引率 | 8.00% | | | | | | | | | | | | | | |
| 投資キャッシュフロー | 32.47 | 66.64 | | | 276 | 312 | 312 | 312 | 312 | 312 | 312 | 283 | 283 | 283 | △75 |
| 割引キャッシュフロー | 23.87 | △237 | △217 | △198 | 72 | 115 | 102 | 92 | 85 | 79 | 75 | 70 | 68 | 66 | △63 |
| 純修正現在価値 | △12.84 | △120 | △260 | △260 | △260 | | | | | | | | | | |

$t$ 期の資金調達支払フローの現在価値 $\Leftarrow \dfrac{\text{資金調達支払フロー}(t)}{(1+@IRR)^t/(1+\text{事業リスク})^t}$

の形態によってとらえることにしよう。

　ところが，ここで事業リスクの最終結果への反映のさせ方に，一つの疑問が浮かぶ。事業リスクがその期待値レベルよりも下の方にずれる予想がなされる場合と，その期待値レベルよりも上の方にずれる予想がなされる場合とでは，結果としての金融支払割引キャッシュフローの値に対して正反対の向きの効果を有するはずである。すなわち，上方リスクと下方リスクを区別せざるを得ない事態に直面する。上方リスクは，調達資金の返済キャッシュフローを軽減する向きに効果を持つものと考えるべきであるし，下方リスクは，反対に，実質的な返済キャッシュフロー負担を重くする向きに働くと見なすべきであろう。

　その結果，新たに定義される純限界現在価値（NMPV）の値は，¥914.63 となり，案件そのものの採否の判定は，その正値性により実施すべしということになる。

　以上のプロセスを一般図式化して示せば，下記のように表現できよう。

$$NMPV \equiv \sum_{t=1}^{T}\left[\dfrac{I_{(i)}(t)}{(1+r_F^{(j)})^t(1+\delta_{(j)}(t))^t} + F_{(j)}(0) + \dfrac{F_{(j)}(t)}{(1+r_I^{(i)})^t/(1+\sigma_{(i)}(t))^t} + I_{(i)}(0)\right]$$

　ただし，$I$ は投資案件，$F$ は資金調達案件を表わすものとし，$r_F^{(j)}$ は，資金調達案件グループ（$j$）における内部収益率を，$r_I^{(i)}$ は，投資案件グループ（$i$）における内部収益率を示すものとする。ここで，（$i$）と（$j$）が対を形成しているものとする。

　また，$\delta$ で財務リスクを，$\sigma$ で事業リスクを表わすものとする。$\sigma$ が上方リスクの場合，$(1+\sigma(t))^{-t}$ となる。

　最後に，リアル・オプションの場合を確かめてみよう。第12.3図にあるリアル・オプション・ツリーの上の各数値は，純現在価値法で使用した数値を採用した。したがって，現在価値化，将来価値化にあたっての採用レートは，一律に32.47％とした。リアル・オプションにおける特徴はいうまでもなく，この数値事例においては，発掘調査の結果が「推定埋蔵量が有望である」場合に

12　価値評価論再論　127

**第12.6表　海底油田開発の限界現在価値法**

| 期 | | 0 | 1 | 2 | 3 | 4 | 5 | 6 | 7 | 8 | 9 | 10 | 11 | 12 | 13 | 14 |
|---|---|---|---|---|---|---|---|---|---|---|---|---|---|---|---|---|
| 調査・採掘費用 | | △120 | | | | | | | | | | | | | | |
| 売上 | | | | | △200 | 475 | 475 | 475 | 475 | 475 | 475 | 475 | 475 | 475 | 475 | |
| 減価償却費 | | | △60 | △60 | △60 | △60 | △60 | △60 | △60 | △60 | △60 | △60 | | | | |
| 支払利子等 | 42.57% | △150 | | | | | △75 | △75 | △75 | △75 | △75 | △75 | △75 | △75 | △75 | △75 |
| 株式コスト | 2.40% | 600 | 0 | 0 | 0 | 216 | 177 | 177 | 177 | 177 | 177 | 177 | 208 | 208 | 208 | 0 |
| 負債コスト | 59.85% | △150 | 0 | 0 | 0 | 0 | △75 | △75 | △75 | △75 | △75 | △75 | △75 | △75 | △75 | △75 |
| 税引前株式コスト | 13.89% | | 0 | 0 | 0 | 415 | 340 | 340 | 340 | 340 | 340 | 340 | 400 | 400 | 400 | 0 |
| 税引前加重平均コスト | 9.51% | 37.76% | | | | | | | | | | | | | | |
| 加重平均コスト | | | | | | 事業リスク | | | | | | | | | | |
| 所得税率 | 48.00% | | | | | | | | | | | | | | | |
| 産出量変動リスク | 12.00% | | | | | | | | | | | | | | | |
| 価格変動リスク | 8.00% | | | | | | | | | | | | | | | |
| 割引率 (%) | 32.47 | 23.87 | 66.64 | | | -4.84 | 17.65 | 17.65 | 17.65 | 17.65 | 17.65 | 17.65 | -0.35 | -0.35 | -0.35 | 0.00 |
| 正のキャッシュフロー | | △120 | △260 | △260 | △260 | 305 | 377 | 377 | 377 | 377 | 377 | 377 | 319 | 319 | 319 | 0 |
| 負のキャッシュフロー | | 750 | 0 | 0 | 0 | △216 | △252 | △252 | △252 | △252 | △252 | △252 | △283 | △283 | △283 | △75 |
| 正のキャッシュフロー (割引後) | | △120 | △223 | △191 | △164 | 164 | 174 | 149 | 128 | 109 | 94 | 80 | 58 | 50 | 42 | 0 |
| 負のキャッシュフロー (割引後) | | 750 | 0 | 0 | 0 | △104 | △36 | △24 | △16 | △11 | △7 | △5 | △24 | △19 | △15 | 0 |
| GMPV (+) | ¥1,799.64 | 25.72%←@IRR | | | 0.0106% | | 0.0028% | 0.0028% | 0.0028% | 0.0028% | 0.0028% | 0.0028% | 0.0628% | 0.0628% | 0.0628% | 1.3197% |
| GMPV (−) | ¥1,134.81 | 16.70%←@irr | | | 財務リスク | | | | | | | | | | | |
| 純限界現在価値 | ¥664.83 | | | | | | | | | | | | | | | |
| ROI | 58.59% | | | | | | | | | | | | | | | |
| GMPV (++) | ¥1,798.30 | | | | | | | | | | | | | | | |
| GMPV (−−) | ¥883.67 | | | | | | | | | | | | | | | |
| 純限界現在価値 | ¥914.63 | | | | | | | | | | | | | | | |
| ROI | 103.50% | | | | | | | | | | | | | | | |

限って，掘削工程に進む．反対に，「推定埋蔵量が有望でない」場合には，掘削は行わない，したがって，原油は出ないという，発掘調査の結果に依存する行動を事前に決めておくことにオプション性を適用していることにある．第12.3図で，偶然事象の分岐点に記されている確率相互間には，ベイズの定理が当てはまるように，それらの値が設定されている．

また，発掘のための調査をしない意思決定の枝も表示してある．そのオプション性により，第12.3図で明らかに示してあるように，推定埋蔵量が有望である場合の掘削をしない選択肢は採用されない．また，推定埋蔵量が有望でない場合の掘削をする選択肢も選ばれない．推定埋蔵量が有望であり掘削をするケースに対応する期待キャッシュフローは￥8450.5となる．それに対して，推定埋蔵量が有望でなく掘削をしないケースでは，－￥1074の期待キャッシュフロー金額が算出される．したがって，発掘調査をする選択肢を選んだときの偶然事象フォークの根元において計算される期待キャッシュフローは，前者の期待キャッシュフローを22.5％の確率で，後者の期待キャッシュフローを77.5％の確率でミックスした期待値，すなわち，ほぼ￥1069となる．これから発掘調査の費用，￥120を差し引いて求められる￥949という期待金額が算出できる．

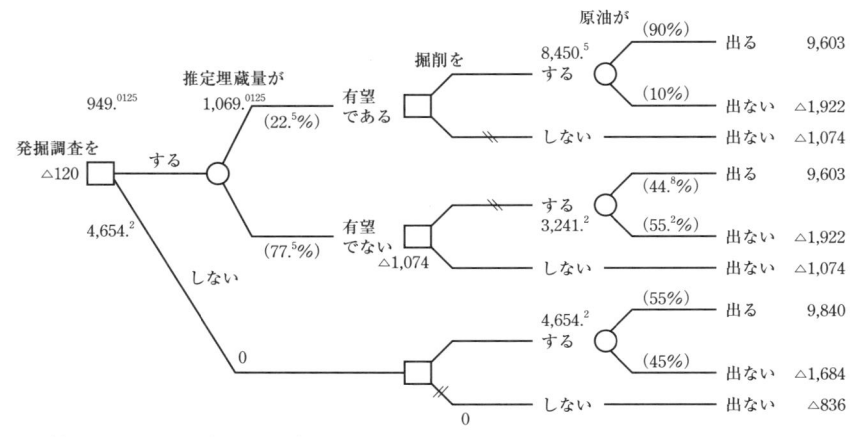

**第12.3図** 海底油田掘削プロジェクトのリアル・オプション・アプローチ

これが，リアル・オプションに関わる発掘調査側の枝を選択する場合に対する期待報酬額になる。したがって，投資に関わる純収益額がプラスなのであるから，リアル・オプションのスキームそのものは実行に価するという結論が得られる。勿論，発掘調査を行わない枝における期待キャッシュフローが¥4654.2 という大きな期待キャッシュフロー値になっている。よって，この事例における最良の選択は，発掘調査を行わずに，すぐ掘削工程に入ることである，という帰結を得ることができる。

## 12.5 複数同士の投資案件と資金調達案件の組み合わせ最適化
### ——一般事業会社に適用可能な ALM アプローチ——

前節までの数値例により，限界現在価値法が投資案件とそれに伴う資金調達案件との組み合わせによって発生するキャッシュフローの収益性を評価できることを確認できた。そこで，ここでは，さらに，流動性に対しての考慮も可能になることを確かめてみよう。流動性とは，いうまでもなく，処分時にその費用と損失を少なくしつつ，迅速に現金に換えられる容易性という資産が持つ性質のことである。流動性の問題の本質は，キャッシュフローの出入りのタイミングにある。したがって，債券ポートフォリオ運用で採られるキャッシュフロー・マッチングの考えを援用して，複数の投資案件を複数の資金調達案件と組み合わせて選択する際に，将来の各時点で流動性条件をクリアしつつ，最大の期待収益性を企業にもたらす組み合わせを識別するための分析方法の枠組みを考えることにしたい。

まず，投資案件としては，キャッシュフロー発生期間が5期間のものが4案，10期間のものが2案で，合計6案である。それに対して，資金調達案の方は3案とした。ただし，株主資本による調達（e案）のコストは，簡略化のため20%とした。6案件の投資案のありとあらゆる組み合わせ（63通りになる）による内部収益率を算出したところ，最も高い収益性を示したのは，投資案件のうち3案と5案と6案との組み合わせとなり，その数値は，22.01%となった。

第12.7表　流動性を考慮したプロジェクト集合の選択

|  | 1 | 2 | 3 | 4 | 5 | 6 |
|---|---|---|---|---|---|---|
|  | CPG | LPG | MPG | FRR | FRA | FRP |
| IRR | 17.07% | 15.99% | 22.49% | 8.13% | 18.91% | 22.55% |
| 0 | △38,836.0 | △74,044.9 | △150,009.1 | △33,500.0 | △23,250.0 | △26,750.0 |
| 1 | 4,100.0 | △9,169.0 | 14,105.0 | 4,678.6 | 3,155.0 | 4,887.5 |
| 2 | 4,500.0 | △964.0 | 13,632.0 | 4,678.6 | 3,155.0 | 4,887.5 |
| 3 | 4,770.0 | 4,561.0 | 22,430.0 | 4,678.6 | 2,992.5 | 5,337.5 |
| 4 | 5,390.0 | 2,697.0 | 23,486.0 | 4,678.6 | 4,292.5 | 7,137.5 |
| 5 | 57,636.0 | 164,318.9 | 294,347.1 | 26,678.6 | 5,580.0 | 7,137.5 |
| 6 |  |  |  |  | 7,155.0 | 7,437.5 |
| 7 |  |  |  |  | 7,155.0 | 8,637.5 |
| 8 |  |  |  |  | 7,155.0 | 8,637.5 |
| 9 |  |  |  |  | 7,155.0 | 8,637.5 |
| 10 |  |  |  |  | 23,355.0 | 26,762.5 |

| IRR | 9.02% | 9.50% | 20.00% |
|---|---|---|---|
| # | b | d | e |
| 0 | 100,000.0 | 140,000.0 | 120,000.0 |
| 1 | △11,000.0 | △13,300.0 | △1,880.0 |
| 2 | △11,000.0 | △13,300.0 | △1,880.0 |
| 3 | △11,000.0 | △13,300.0 | △2,000.0 |
| 4 | △11,000.0 | △13,300.0 | △2,080.0 |
| 5 | △7,000.0 | △13,300.0 | △2,080.0 |
| 6 | △7,000.0 | △13,300.0 | △2,080.0 |
| 7 | △7,000.0 | △13,300.0 | △2,160.0 |
| 8 | △7,000.0 | △13,300.0 | △2,160.0 |
| 9 | △7,000.0 | △13,300.0 | △2,240.0 |
| 10 | △107,000.0 | △153,300.0 | △2,240.0 |

　他方，三つの資金調達方法から成る，ありとあらゆる組み合わせ（7通り）のうち，最小の資本調達コストとなるのは，b案単体での9.02%なのではあるが，上記の最適投資案の組み合わせが当初必要とする初期投資金額200,009.1千ドルを満たすことができない。したがって，必要初期投資金額200,009.1千ドルを満たす資金調達の組み合わせのなかで，最小の資本コストとなるのは，b&d案の9.31%が候補案となる。

　しかしながら，投資案からもたらされるキャッシュフローと，資金調達案からもたらされるキャッシュフローとのキャッシュフロー・マッチングの観点からは，11期中7期において，キャッシュフローがマイナスの結果となる。勿論，期初に生じる余裕資金の確定金利（5%と前提）による運用も考慮すれば，

**第12.8表** 投資と資金調達の同時最適組合わせ問題への限界現在価値法適用計算例

| | GMPV (++) | ¥710,541 | GMPV (+) | ¥590,975 | | | | | | |
|---|---|---|---|---|---|---|---|---|---|---|
| | GMPV (−−) | ¥−292,415 | GMPV (−) | ¥−306,815 | | | | | | |
| | NMPV | ¥418,126 | NMPV | ¥284,160 | | | | | | |
| | ROI | 142.99% | ROI | 92.62% | | | | | 22.01% | |
| | | | NPV+CASH | ¥717,125.55 | | | | | 3,5,6 | |
| | | | | 1.63% | 22.01% | | | | DCF (−) | DCF (−−) |
| | | | | | 3,5,6 | d,e | 3,5,6,d,e | 累積現金 | 財務リスク | |
| DCF (++) | DCF (+) | 事業リスク | | | △200,009.1 | 260,000.0 | 59,990.9 | 69,957.9 | 25.7483% | △13,106.1 | △13,164.3 |
| 17,330.8 | 20,204.0 | −5.81% | | | 22,147.5 | △15,180.0 | 6,967.5 | 79,950.3 | 22.8606% | △11,315.5 | △11,435.6 |
| 13,903.3 | 18,037.5 | −5.90% | | | 21,674.5 | △15,180.0 | 6,494.5 | 99,407.9 | 17.6756% | △9,846.8 | △9,524.7 |
| 17,985.3 | 23,352.1 | −4.18% | | | 30,760.0 | △15,300.0 | 15,460.0 | 123,914.2 | 12.3709% | △8,546.0 | △7,931.4 |
| 20,530.5 | 24,181.2 | −3.40% | | | 34,916.0 | △15,380.0 | 19,536.0 | 421,794.6 | 0.0027% | △7,378.4 | △4,497.4 |
| 283,242.4 | 193,997.9 | 48.08% | | | 307,064.6 | △15,380.0 | 291,684.6 | 442,096.8 | 0.0000% | △6,370.4 | △7,090.4 |
| 13,246.9 | 8,410.3 | −7.24% | | | 14,592.5 | △15,380.0 | △787.5 | 464,534.1 | 0.0000% | △5,528.7 | △6,172.1 |
| 14,106.9 | 8,303.2 | −7.01% | | | 15,792.5 | △15,460.0 | 332.5 | 488,093.3 | 0.0000% | △4,773.4 | △5,413.4 |
| 13,881.3 | 7,574.6 | −7.01% | | | 15,792.5 | △15,460.0 | 332.5 | 512,750.5 | 0.0000% | △4,142.5 | △4,772.5 |
| 13,659.2 | 6,909.9 | −7.01% | | | 15,792.5 | △15,540.0 | 252.5 | 432,965.5 | 0.0000% | △35,798.0 | △22,404.0 |
| 42,654.2 | 20,004.3 | −0.52% | | | 50,117.5 | △155,540.0 | △105,422.5 | | | | |
| | | 両側リスク | 5.34% | 90024.74448 | | | | | 7.87% | | |
| | | 上方リスク | 4.81% | 52,865.0 | | | | | | | |
| | | 下方リスク | −0.53% | | | | | | | | |

期中で流動性不足に陥ることは，シミュレーション上はないのであるが，期末におけるキャッシュフロー・マッチングの結果は，215,191千ドルで，後で述べる資金調達案と比べて余裕は少ない。資金調達案3案を同時に実施する案では，期初の資金調達額が360百万ドルと増す分だけ，期末の運用資金残高も170百万ドルほど高くはなるものの，中途でのキャッシュフロー不足のパターンは，全く同じものである。この2通りの資金調達案に比較して，d&e案による資金調達の場合，期中におけるキャッシュフローのミスマッチングが11期中2期間と少なく，しかも，期末の余裕資金運用残高も高い。ゆえに，NPVやROIといった収益性指標からは，若干見劣りするものの，流動性管理上に無理が少ないという視点から，d&e案による資金調達を選択が望ましいものと考えられる。

　第12.8表のキャッシュフロー・データから，限界現在価値法の具体的な計算を実行すれば，GMPV（＋）は￥590,975，GMPV（－）は－￥306,815となるので，純限界現在価値￥284,160が得られる。ここで，GMPV（＋）の計算では，期中における財務リスクの平均値が用いられている。また，GMPV（－）の計算にあたっては，投資収益キャッシュフローに関する期中の平均事業リスクが採用されている。

　ここで，海底油田の掘削モデルのときと同様に，上方リスクと下方リスクを区別した計算を行う。算出した割引キャッシュフローが，DCF（－－）欄にある。他方で，余剰資金の蓄積とそれに伴う運用益金の積み増しが進行するのにつれて，財務リスクは急減していく。したがって，急激に低下する財務リスクを考慮した割引率を個別投資収益フローに適用して現在価値を求めれば，DCF（＋＋）の値が得られる。その結果，新たに定義される純限界現在価値（NMPV）の値は，￥418,126となり，案件そのものの採否の判定は，その正値性により実施すべしということになる。

## 12.6　価値評価理論に残された課題

　最後に，まとめとして，限界現在価値法とリアル・オプション理論（ROT）

との異同について考察することにより，今後の価値評価理論の目指すべき方向を探ってみよう。不確実性の理論的な処理という点に関しては，限界現在価値法は，正規分布に代表されるような2パラメータの確率分布族を取扱うことができ，基本的に当該分布の一標準偏差をリスクプレミアムとして認識する。対して，ROTでは，その決定樹状分肢構造から明らかなように，基本は状態選好アプローチになっている。

つぎに，リスクの具体的な把握の手法という観点からは，限界現在価値法では，割引もしくは割増という形でしか，そのリスクプレミアムを評価額に反映することができないのに対して，ROTでは，その状況依存的選択肢の存在を許すため，下方のリスクを回避して切り捨てることが可能である。

このように下方へのリスク・ヘッジ機能を，限界現在価値法は有さない。これに反して，財務リスクに代表される流動性への配慮に関しては，限界現在価値法側に，キャッシュフロー・マッチングとの随伴性で圧倒的な強みがみられる。ROTのなかに，流動性への考慮を入れ込むのは，かなり不自然なことになろう。キャッシュフローを対象とする以上，両アプローチとも，多期間を対象としなければならないのは当然のこととして，戦略的思考の受容性に関しては，ROTでは，多段階での状況依存的意思決定選択が考慮可能であるのに対して，限界現在価値法では，むしろ，全体最適化と部分最適化との同時考慮にその優越性が認められよう。

双方のアプローチにおける異同の比較分析を進めてくると，それぞれ一長一短があり，相互に補完的な関係にあると断言してしまえば楽になると思われるものの，実は，かなり複雑で錯綜したプロセスを踏めば，その先に双方が無矛盾となる統合的な理論体系が横たわっているような気がしている。リアル・オプション理論からのアプローチにおける一選択肢が上で展開した純限界現在価値を表現しているような枠組みになろうか。

そこでは，議論の明瞭性のために本書では割愛した，意思決定者のリスク選好度もまた，可能であるならば意思決定者の収益性と流動性との間のバランス選好とともに，当然のことながら関与してくるはずである。諦めずに挑戦した

いテーマである。

　さて，本書も，いよいよ最終部に入った。そこで，今まで仔細に検討してきたコーポレート・ファイナンスを，少し広い視野から眺めてみよう。コーポレート・ファイナンスは，経営学のなかにおいて，ヒト，モノ，カネ，情報という経営資源の適切な運用・管理のうち，とりわけ，カネの運用・管理領域に特化して，その流動性管理と収益性評価を同時に満たすような，企業行動の多期間最適化の答えを求めることが究極の目的である。

　しかしながら，第12.4図を眺めればわかるように，他の経営資源との間の関係を初めとして，より上位，下位領域との相互依存関係も存する。したがって，コーポレート・ファイナンスの最終型は，流動性管理と収益性評価との同時最適化は無論のこと，これら全体のネットワークのなかでも評価されてこそ意味を持つような内容にまで発展，進化するべきである。その意味からも，今

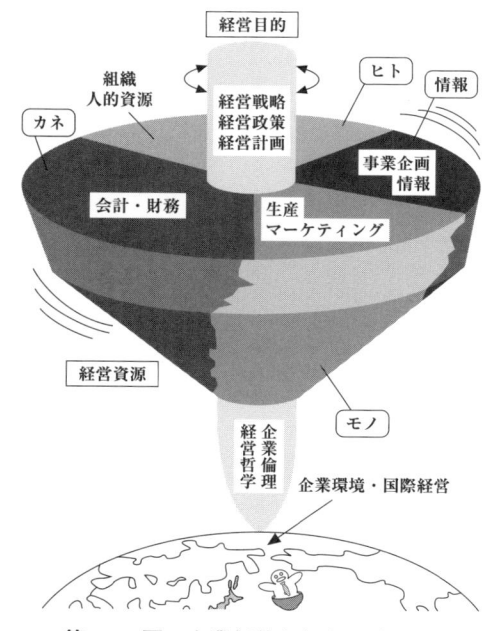

**第 12.4 図　企業価値評価と財務戦略**

後，企業価値評価理論としてのコーポレート・ファイナンスは，少なくとも，資産・負債総合管理（ALM）の道を，確固たる基盤をもつ道程として間違いなく歩んでいくことになろう。

## 【資料 1】財務比率分析に関連して

### 1.1 主要財務比率

財務諸表上に掲げられるストックおよびフロー数値をさまざまに組み合わせた比率（主として）を作成することにより，企業の財務体質，財務特性を判断する際に役立つ資料づくり，資料分析，分析結果に基づく判断，意思決定支援などが，財務比率分析の内容である．以下に，流動性比率，梃子比率，活動比率，収益性比率に分類されている諸比率のなかから，主要なものを採り上げておこう．

**流動性比率**：短期の債務支払いに対応できる企業能力の尺度である
(a) 流動比率
　　　＝流動資産／流動負債
　　　：流動比率は，業種・業態や企業規模によっても異なるものの，一般に，200％以上を理想的，150％以上を良好，100％以下を不良，その中間を普通と見なしている．
(b) 酸性比率
　　　＝（流動資産－在庫）／流動負債

**梃子比率**：企業の所有者が出資・投資している資金と，その他の信用供与者が提供している資金との相対関係を表わす比率である
(c) 対総資産負債比率
　　　＝負債総額／資産総額
(d) インタレスト・カバレッジ比率
　　　＝（税引後利益＋支払利息）／支払利息
(e) 固定債務支払レバレッジ
　　　＝（税引前利益＋支払利息＋支払リース料）／（支払利息＋支払リース料）

**活動比率**：企業の手持ち資産の利用度に関わる有効性を測る尺度
(f) 在庫回転率
　　　＝売上高／在庫
　　　：企業が取り扱う品目や業界慣行なども影響するので，企業ごとの適正な在庫量水準を把握しておくことが肝心である．
(g) 平均回収期間
　　　＝売上債権／一日当たり売上高
　　　：売上債権回収の効率性を測る尺度である

(h) 固定資産回転率
　　　＝売上高／固定資産純額
　　：一般的には，過剰設備・遊休設備の存在により，回転率は低まるが，資産内容を十分に検討することが肝要である。
(i) 総資産回転率
　　　＝売上高／総資産
　　：一般に，中小企業に比べて大企業の方が回転率が低く，また，製造業の方が非製造業よりも低くなる傾向をもつといわれる。本邦製造業でいえば，大企業が1.2回，中小企業が1.7回ほどである。非製造業では，それぞれ，1.5回および2回程度となっている。

**収益性比率**：企業経営の最終成果に関する尺度
(j) 対売上高利益マージン
　　　＝税引後純利益／売上高
(k) 総資産利益率
　　　＝税引後純利益／総資産
(l) 純資産利益率
　　　＝税引後純利益／純資産

### 1.2　財務比率の活用にあたって

　財務比率分析は，今まで全く知らなかった企業を知ろうとする際，有用な分析用具であるが，いくつかの点で注意をする必要があろう。一般に，財務比率を用いて，他社との比較を行い，その比較優位性を判断したり，業界の同一指標と比較してその相対位置を確認したり，あるいは，グローバル戦略上で，他国における同業他社との比較を行ったりしている。このような比較作業に価値がないことはないものの，比較の結果に対する漫然とした安心や，反対に，不必要な憂慮には，十分に注意しなければならない。同業他社との財務比率を比較する際，そもそも同業とはいっても，その事業構成からして，どの程度の同業なのか，特に，双方の企業が多角化を進めている場合，留意する必要があろう。また，果たして，その財務比率に含まれる勘定項目の構成は他社間でどれほど一致しているのか，ということも問題となろう。外国の同業他社との比較では，以上の問題に加えて，二国間での会計制度の違いがもたらす影響をも考慮する必要があり，更には，外国為替レート換算に伴う問題も存する。
　企業にとって真の意味でのリスクとは，生存のリスクであり，企業が突如，危急存亡の危機に見舞われるのは，かねてよりの同業ライバル社との死闘に敗れる時ではな

く，まさその瞬間に至るまで同業とは認識していなかった競合企業の出現によるものなのである。市場で競合するとは思ってもみなかった相手企業の急成長によって招来される危機なのである。この視点に立てば，自社の財務比率と業界平均値との比較に，一喜一憂することはない。しかしながら，財務比率を用いた，一企業の同一指標の時系列上での比較では，業績評価，それに基づく将来指針を巡っての判断に関して，有益な情報をもたらすものと考えられる。だからといって，過去からの趨勢には依存できない事業の評価もある。

一例を挙げると，ベンチャー事業におけるキャッシュフロー予測がある。ベンチャー企業にあっては，通常，その創生期以降，キャッシュフローは逓減の一途を辿るものと予期されようが，成功時には，需要の一気開花がみられるのであり，過去からの財務比率の趨勢を追っている限り，将来についての予想は得られない。財務比率分析の限界の一つは，この線形性にある。したがって，その時点の近傍における近似値としては有用な情報ではあるものの，予想時期がかなりの将来に及ぶ場合には，その信頼度は急低下するものと認識しておかねばならない。

以上の話とは違って，財務比率を用いる際に注意を要する別の視点がある。例として，流動比率を採り上げてみよう。前述のごとく，流動比率は，高ければ高いほど好ましいとされる。それは，われわれが，流動比率に対して，流動性に支障が生じた際の即時（短期）的な債務の支払能力を見たいと考えるからである。したがって，高い流動比率は，流動資産と流動負債との間にある大きな較差を意味する。しかしながら，他方で，業績伸張による運転資本の追加調達の必要性という観点に立つと，流動比率の高さは反対に大量の追加資金調達のニーズを意味することになる。つまり，急速な成長に伴う追加運転資本調達という視点からは，流動比率は，むしろ，低位にある方が，可能であればその値が1を切っている方が望ましいのである。このように，二つの財務指標の間には，トレード・オフの関係がある場合もあるので，注意を要するのである。また，時として，ある財務比率を，恒等的に同一となる複数の財務比率の掛け合わせで表現することにより，その企業の財務特性がより鮮明化される場合もある。よく見受けられる例としては，下記に掲げるような純資産利益率がある。

$$純資産利益率 = \frac{税引後純利益}{売上高} \times \frac{売上高}{総資産} \times \frac{総資産}{純資産}$$

このように，純資産利益率（ROE）は，利益マージンと対総資産・売上高比率と株主資本比率の逆数との積で表現することができる。

## 1.3 損益分岐点分析 (Break-even Point Analysis)

企業を経営する上で現行のオペレーション水準が損益分岐レベルに対して，どの辺に位置しているのかを承知することは重要なことである。損益分岐点売上ユニット数および損益分岐点売上高は，それぞれ，以下のように示すことができる。

$$損益分岐点売上ユニット数(Q) = \frac{総固定費用\ (F)}{価格(P) - 単位変動費用\ (V)}$$

$$損益分岐点売上高(PQ) = \frac{F}{(P-V)/P} = \frac{F}{1-(P/V)} = \frac{F}{1-[(V \cdot Q)/(P \cdot Q)]}$$

損益分岐点分析の定性的な応用としてよく言及されることは，同一の財・サービスの供給を図るときに，初期における固定設備への投資を十二分に行って資本集約的な供給体制を敷くのか，それとも，固定設備への投資は余りせずに，需要変化に対して変動費の調整で対応する資本節約的（労働集約的）な途を選択するのかという判断をする際に，損益分岐点概念が役に立つということである。同一水準にある損益分岐点グラフどうしで考えるならば，資本集約型の場合の方が，損益分岐点を越えて売上高が伸びれば伸びるほど，純収益（売上高から総費用を差し引いた）の伸びる勢いがある。そのことは，損益分岐点近傍における売上数量（または売上高）に関する純収益の偏微係数が，資本集約型の場合の方が大きいということからも理解することができよう（下図参照）。

反対に，資本を節約した変動費重視の経営を営む企業では，損益分岐点を越えても，収益が飛躍的に伸びる事態は相対的に期待できない。損益分岐点を割り出すには，上記のような計算をすることから明らかなように，①製品価格および単位変動費用を一定と仮定して分岐点を求めているため，これらの価格および費用が変化するような事態においては，適切な指標たりえない。また，②売上高水準が大幅に変化し，

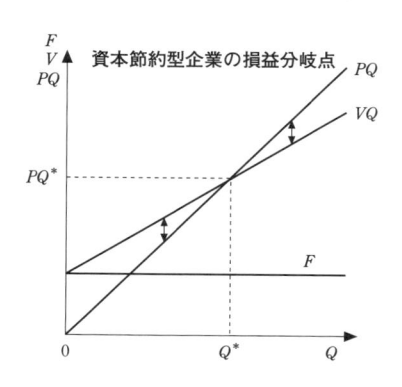

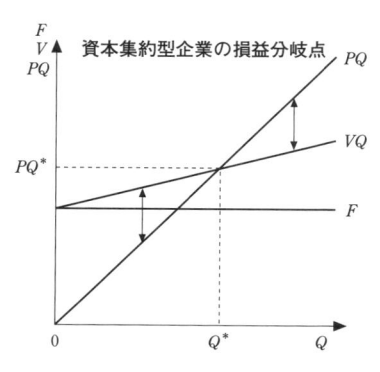

それにつれて生産規模も様変わりする場合には，費用の構造したがって収益の構造も大きく変化するものと考えられるので，求められた損益分岐点水準が妥当するのは，現行の生産規模近傍であるという認識が必要である。さらに，③生産効率を高めるための工夫が凝らされたり，技術革新の影響が大きかったりする場合のことは，同分析の枠組み内で考慮することができない。このように，損益分岐点分析には，諸々の限界が存するので，その適用にあたっては注意を要する。

営業レバレッジ（Operating Leverage）とは，売上ユニット数の百分比変化に対する営業利益の百分比変化の比率，すなわち，営業利益の売上ユニット数に関する弾力性の値として定義されている。

$$営業レバレッジ = \frac{（営業利益変化額 \div 営業利益）}{（売上ユニット変化数 \div 基点売上ユニット数）}$$

$$= \frac{[\Delta Q \cdot (P-V)] / [Q \cdot (P-V) - F]}{\Delta Q / Q} = \frac{Q \cdot (P-V)}{Q \cdot (P-V) - F}$$

$$= \frac{売上高 - 総変動費用}{売上高 - 総変動費用 - 総固定費用}$$

したがって，基点となる売上ユニット数に対応する営業レバレッジが高い企業では，同じ売上高の増加に対して，より多くの利益増加を享受できることになる。営業レバレッジの利用法の一つに，企業が複数の生産設備を所有する場合，生産能力に余裕があれば，営業レバレッジの高い工場へ受注を割り振るのが良いという判断指針がある。

## 【資料 2】ファイナンス・データが入手できるインターネット・サイト

**A 日本銀行**（http://www.boj.or.jp/stat/stat_f.htm）

日本経済，金融に関する主要な統計・データが提供されている。通貨や金融機関についての情報は勿論，預金・貸出市場，短期金融市場，債券市場，外国為替市場に関する市場情報を，財政や国際収支についてのデータとともに得られる。日銀短観や資金循環に関する情報も記載されている。また，主な統計についての解説記事も参照することができる。

**B 全国銀行協会**（http://www.zenginkyo.or.jp/stat/index.html）

全国銀行の財務諸表や決済に関する統計が得られる。

**C 東京証券取引所**（http://www.tse.or.jp/）

株式市況，債券市況のほかに，株価指数情報，オプション取引情報等が得られる。

**D 大阪証券取引所**（http://www.ose.or.jp）

取引所についての説明，上場会社，市場の特色に関する記載がある。株式情報，債券情報，先物オプション情報の他に，J-NET（相対市場）市場，ヘラクレスについても触れられている。

**E 日本証券業協会**（http://www/jsda.or.jp）

証券業界のデータ，株券貸借取引状況，店頭相場などのデータが入手できる。CP，転換社債，ワラント付社債などの新株引受権付債券，公社債の売買取引情報が得られる。

**F EDINET（Electronic Disclosure for Investors' NETwork）**
（http://info.edinet.go.jp/InfoDisclosure/main.htm）

証券取引法に基づく有価証券報告書等の開示書類に関する電子開示システムであり，EDINETに提出された翌日から本サイトにて閲覧が可能である。

**G 生命保険協会**（http://www.seiho.or.jp/）

保険契約の状況，収支の状況，資産運用の状況に関する情報が入手可能。

**H 日本損害保険協会**（http://www.sonpo.or.jp/）

業界各社の主要財務諸表を初めとして，火災保険，自動車保険，障害保険等々の保険金，保険料，満期支払額などの推移データを入手できる。

**I 投資信託協会**（http://www.toushin.or.jp/）

資産運用状況がさまざまな分類別で公表されている。委託会社別純資産の状況も報告されている。

**J　企業基金年金連合会**（http://www.pfa.or.jp/）
年金基金の現況および資産運用結果についての情報。

**K　関東財務局**（http://www.mof-kantou.go.jp/）
有価証券報告書に関連するデータ，および企業に関わる財務ニュース。

**L　総務省統計局**（http://www.stat.go.jp/）
産業別データの公表および統計調査の所在案内やデータの検索ガイド情報がある。

## 【資料3】コーポレート・ファイナンスにおける数式および公式

### 3.1 微分と積分に関する公式

$$y' = f'(z) = \frac{dy}{dz} = \lim_{\Delta z \to 0} \frac{\Delta y}{\Delta z} = \lim_{\Delta z \to 0} \frac{f(z+\Delta z) - f(z)}{\Delta z}$$

変数 $z$ の関数 $y = f(z)$ について，

$\frac{\Delta y}{\Delta x}$ の極限を求める操作が微分であり，その極限値が存在するとき，上式のような導関数が求められる。

① $f(z) = c$（一定），$f'(z) = 0$
② $f(z) = z^n$，$f'(z) = nz^{n-1}$
③ $f(z) = g(z)h(z)$ のとき，$f'(z) = g'(z)h(z) + g(z)h'(z)$
④ $f(z) = g(z) \div h(z)$ のとき，$f'(z) = [g'(z)h(z) - g(z)h'(z)] \div [h(z)]^2$
　　ただし，$h(z) \neq 0$
⑤ $f(z) = g[h(z)]$ のとき，$f'(z) = g'[h(z)]h'(z)$（合成関数の微分）
⑥ $f(z) = \ln z$，$f'(z) = 1/z$
⑦ $f(z) = \ln g(z)$，$f'(z) = g'(z)/g(z)$
⑧ $f(z) = e^{g(z)}$，$f'(z) = g'(z)e^{g(z)}$
⑨ $f(z) = a^z$，$f'(z) = a^z \ln a$
⑩ $y = f(z_1, z_2, \cdots, z_n)$ のとき，全微分は，
　　$dy = f_1 dz_1 + f_2 dz_2 + \cdots\cdots + f_n dz_n$
⑪ $\int u dv = uv - \int v du$（部分による積分）
⑫ $\frac{d}{dc} \int_{a(c)}^{b(c)} f(z,c) dz = \int_{a(c)}^{b(c)} \frac{\partial}{\partial c} f(z,c) dz + f(b,c) \frac{db}{dc} - f(a,c) \frac{da}{dc}$
　　（積分の微分に関するライプニッツの法則）

### 3.2 テイラー展開

$$f(z) = f(z_0) + \frac{(z-z_0)}{1!} f'(z_0) + \frac{(z-z_0)^2}{2!} f^{(2)}(z_0)$$
$$+ \cdots\cdots + \frac{(z-z_0)^n}{n!} f^{(n)}(z_0) + R_n$$

ただし，$R_n = \int_{z_0}^{z} f^{(n+1)}(x) \frac{(z-x)^{n+1}}{(n+1)!} dx$

$$= \frac{(z-z_0)^{n+1}}{(n+1)!} f^{(n+1)}(\xi) \quad (z_0 < \xi < z)$$

## 3.3 ラグランジュの未定乗数法

ラグランジュ（Lagrange）乗数定理：

$$\text{Opt.}_{x} f(x)$$
$$S.T.\ h_j(x)=0\ (j=1,\cdots,m),\ \text{ただし}\ x\in R^n(n>m)$$

いま，$(x_1,\cdots,x_m)\equiv y, (x_{m+1},\cdots,x_n)\equiv z$ とすれば，

陰関数定理により，$z^*$ の近傍で $y=\phi(z)$ と表現することができる。

すると，問題は，

$$\text{Opt.}_{z} F(z)=f(y,z)=f(\phi(z),z),\ (z\in R^{n-m})$$

最適化のための必要条件は，

$$\nabla F(z^*)=\nabla_y f^* \nabla\phi(z^*)+\nabla_z f^*=0 \cdots \text{①}$$

また，$h(y^*,z^*)=0$ でもあるから，

$$\nabla_y h^* \nabla\phi(z^*)+\nabla_z h^*=0 \cdots \text{②}$$

$\nabla_y h^*$ が正則であれば，

$$\nabla\phi(z^*)=-(\nabla_y h^*)^{-1}\cdot\nabla_z h^*$$

これを，式①に代入すると，

$$\nabla_y f^*\cdot(-(\nabla_y h^*)^{-1}\cdot\nabla_z h^*)+\nabla_z f^*=0$$

ここで，未定乗数を $\lambda$ とおいて，

$$\lambda\equiv\nabla_y f^*(-(\nabla_y h^*)^{-1})\ \text{とすると，}$$
$$\nabla_z f^*+\lambda\cdot\nabla_z h^*=0$$

$\lambda$ の定義式より，

$$\nabla_y f^*+\lambda\cdot\nabla_y h^*=0$$

したがって，ラグランジュ関数，$L(x,\lambda)=f(x)+\lambda\cdot h(x)$ を用いれば，必要条件は以下のようになる。

$$\nabla_x L(x^*,\lambda^*)=0$$
$$\nabla_\lambda L(x^*,\lambda^*)=0$$

## 3.4 等比数列の和に関する演算と公式

初項を $a$，公比を $r$ とする等比数列の最初の $n$ 項までの和を $S_n$ とする。

$$S_n=a+ar+ar^2+ar^3+\cdots\cdots+ar^{n-1}$$
$$r\cdot S_n=ar+ar^2+ar^3+\cdots\cdots+ar^{n-1}+ar^n$$

上式から下式を引けば，

$$(1-r)S_n=a(1-r^n)$$

$$\therefore S_n = a\frac{1-r^n}{1-r}$$

このようにして求められる総和の極限における値は,

$$S \equiv \lim_{n\to\infty} S_n = \lim_{n\to\infty} a\frac{1-r^n}{1-r} = \frac{a}{1-r}\lim_{n\to\infty}(1-r^n)$$

極限値が収束して求められるためには,公比 $r$ の絶対値は1よりも小でなくてはならない。したがって,

$$\lim_{n\to\infty}(1-r^n) \to 1 \quad \therefore S = \frac{a}{1-r}$$

一定金額が永続する場合のキャッシュフロー数列は,

$$\frac{\bar{Q}}{1+R}, \frac{\bar{Q}}{(1+R)^2}, \frac{\bar{Q}}{(1+R)^3}, \ldots, \frac{\bar{Q}}{(1+R)^n}, \ldots$$

となるので,$a = \frac{\bar{Q}}{1+R}$,$r = \frac{1}{1+R}$ を上式に代入すると,$S = \frac{\bar{Q}}{R}$ を得る。

一定成長率が永続する場合のキャッシュフロー数列は,

$$\frac{\bar{Q}}{1+R}, \frac{\bar{Q}(1+g)}{(1+R)^2}, \frac{\bar{Q}(1+g)^2}{(1+R)^3}, \ldots, \frac{\bar{Q}(1+g)^{n-1}}{(1+R)^n}, \ldots$$

となるので,$a = \frac{\bar{Q}}{1+R}$,$r = \frac{1+g}{1+R}$ を上式に代入すると,$S = \frac{\bar{Q}}{R-g}$ を得る。ただし,収束のためには,$g < R$。

有限期間に一定金額が発生する場合のキャッシュフロー数列は,

$$\frac{\bar{Q}}{1+R}, \frac{\bar{Q}}{(1+R)^2}, \frac{\bar{Q}}{(1+R)^3}, \ldots, \frac{\bar{Q}}{(1+R)^n}$$

となるので,$n+1$ 年後から発生する永久キャッシュフローの現時点における評価額を永久キャッシュフロー金額から引いて,

$$S = \frac{\bar{Q}}{R} - \frac{\bar{Q}}{R} \cdot \frac{1}{(1+R)^n} = \bar{Q}\left[\frac{1}{R} - \frac{1}{R(1+R)^n}\right] = \bar{Q}\left[\frac{(1+R)^n - 1}{R(1+R)^n}\right]$$

が求められる。

### 3.5 最小二乗法（単純回帰）

最小二乗法を行う場合の仮定:回帰式 $y_j = \beta_0 + \beta_1 x_j + \varepsilon_j$ があったとする。

このように説明変数が定数項を除いて一つだけの回帰分析を単純回帰式と呼ぶ。この式において,

【資料3】コーポレート・ファイナンスに出てくる数式および公式 147

仮定1　$E(\varepsilon_j) = 0$：誤差項の期待値はゼロ。
仮定2　$E(\varepsilon_i \varepsilon_j) = 0$：誤差項同士は無相関。
仮定3　$E(\varepsilon_j^2) = \sigma^2 = const.$：誤差項の分散は一定。
仮定4　$E(x_j \varepsilon_j) = 0$：誤差項と説明変数は無相関。
　補助的な仮定として，
仮定5　$\varepsilon_j$は，$N(0, \sigma^2)$に従って分布する。

**回帰係数**
以下のような最小二乗法によって得られた係数$\hat{\beta}_0, \hat{\beta}_1$を回帰係数と呼ぶ。

$$\underset{\beta_0, \beta_1}{\text{Min.}} \sum_{j=1}^{n} \varepsilon_j^2 \Rightarrow \underset{\beta_0, \beta_1}{\text{Min.}} \sum_{j=1}^{n} (y_j - \beta_0 - \beta_1 x_j)^2$$

$$\hat{\beta}_0 = \frac{1}{n} \sum_{j=1}^{n} y_j - \hat{\beta}_1 \frac{1}{n} \sum_{j=1}^{n} x_j = \overline{y} - \hat{\beta}_1 \overline{x}$$

$$\hat{\beta}_1 = \sum_{j=1}^{n} \{(x_j - \overline{x})(y_j - \overline{y})\} \div \sum_{j=1}^{n} (x_j - \overline{x})^2$$

## 3.6　マコーリーのデュレーション

債券価格と最終利回りとの関係式

$$P = \sum_{t=1}^{T} \frac{C_t}{(1+R)^t}$$

を$R$で偏微分して，

$$\frac{dP}{dR} = -\frac{1}{(1+R)} \cdot \sum_{t=1}^{T} \frac{t \cdot C_t}{(1+R)^t}$$

を求めておく。上の債券価格式のテイラー展開により，

$$\Delta P = \frac{dP}{dR} \cdot \Delta R + \frac{1}{2} \cdot \frac{d^2 P}{dR^2} \cdot (\Delta R)^2 + \cdots\cdots$$

偏微分した結果を右辺第一項に代入すれば，

$$\Delta P = -\frac{1}{(1+R)} \sum_{t=1}^{T} \frac{t \cdot C_t}{(1+R)^t} \cdot \Delta R + \frac{1}{2} \cdot \frac{d^2 P}{dR^2} \cdot (\Delta R)^2 + \cdots$$

両辺を$P$で割って第一項のみをとれば，

$$\frac{\Delta P}{P} = -\left[\frac{\sum_{t=1}^{T} \frac{t \cdot C_t}{(1+R)^t}}{P}\right] \cdot \frac{\Delta R}{(1+R)}$$

右辺の[　]の中が，マコーリーのデュレーション概念であり，相対キャッシュフローを考慮したときの債券期間の重心に相当している。

### 3.7 イミュニゼーション（Immunization）の説明

金利の上昇（下落）は，クーポン・レートとの相対差により債券価値を下落（上昇）させる一方で，再投資収益率の効果を通じては，クーポン収入から得られる将来収益を増加（減少）させる方向に働く。

つまり，金利の変動は，ストックとしての債券価値と，フローとしての債券所有からの収益とに反対向きの効果を与える。

いま，債券ポートフォリオの期初における価値を $V_0$，同ポートフォリオの所有期限における目標価値を $V_T^*$，期中の再投資レート（$R_{RI}$）は一定，債券の最終利回りを $R$ とすれば，

$$V_0 = \sum_{t=1}^{T} \frac{C_t}{(1+R)^t}$$

$$V_T^* = V_0 \cdot (1+R_{RI})^T$$

ただし，$R$ と $R_{RI}$ とは，必ずしも等しくはないものとする。いま，金利の変化が起こったとき，債券ポートフォリオの所有期限における目標価値を不変に保つには，どうすべきかを考えてみよう。それには，変化した再投資レートの目標価値に及ぼす影響を見ればよいから，（$dV_T^*/dR_{RI}$）を調べてみよう。

$$\frac{dV_T^*}{dR_{RI}} = \frac{dV_0}{dR_{RI}} \cdot (1+R_{RI})^T + V_0 \cdot T \cdot (1+R_{RI})^{T-1}$$

$$= -D_{MAC}\left(\frac{V_0}{1+R}\right) \cdot \frac{dR}{dR_{RI}}(1+R_{RI})^T + V_0 \cdot T \cdot (1+R_{RI})^{T-1}$$

$$= V_0 \cdot (1+R_{RI})^T \left[\frac{T}{1+R_{RI}} - \frac{D_{MAC}}{1+R} \cdot \frac{dR}{dR_{RI}}\right]$$

ここで，右辺第一項は，再投資レートの変化がクーポンの再投資収益に与える限界的効果を表わしており，第二項に対応するのは，ストックとしての資産価値に与える効果である。ただし，$D_{MAC}$ は，マコーリーのデュレーションを意味する。

ここで，再投資レートが最終利回りに等しく，また，再投資レートの変化分が最終利回りの変化分と同一であるとすると，

$R_{RI} = R$，かつ，$dR_{RI} = dR$ となり，上式に代入すれば，

$$\frac{dV_T^*}{dR_{RI}} = V_0 \cdot (1+R_{RI})^{T-1} \cdot (T-D_{MAC})$$

となり，金利の変化が債券ポートフォリオの目標価値に影響を与えないようにする（左辺をゼロにする）には，$T-D_{MAC}$ をゼロにする，言い換えれば，ファンドのマコーリー・デュレーションを所有期間と同一の長さにとればよいことが明確に示されよ

う。債券ポートフォリオのデュレーションが所有期間よりも長い場合，金利上昇は，所有期間利回りの下落を招来する。

　反対に，所有期間の方が長い場合，金利の上昇によって所有期間利回りも向上する。このように，債券ファンドのデュレーションを，その所有期間に一致せしめる手法は，イミュニゼーションと呼ばれている。名称が示すとおり，デュレーションと所有期間との一致により，債券価格が金利変化から免疫化されることになる。ただし，上述の式の導出過程から明らかなように，上記の意味での免疫化が有効となるためには，

① 所有期間中，一回の金利変化であること
② 金利の変化幅は，どの残存満期に対しても一定，すなわち，イールド・カーブが平行シフトすること
③ 最終利回りと再投資利回りとが等しいこと

以上の3要件を満たさねばならない。②と③の条件を除外する，より一般的なイミュニゼーションのための条件として，

$$T = D_{MAC} \cdot \left[\frac{dR}{1+R}\right] \div \left[\frac{dR_{RI}}{1+R_{RI}}\right]$$

が得られる。つまり，マコーリーのデュレーションに，再投資利回りに関する最終利回りの弾力性を掛けた期間長を所有期間と同じ長さにすれば，より広義のイミュニゼーションが可能となる。

## 3.8　ウィーナー過程について

　確率の三つ組が前提されるとき，確率変数の族 $X = \{X_t(t, \omega_t) ; t = [0, T]\}$ は，確率過程と呼ばれる。$\omega_0$ を固定するとき，$X_t(t, \omega_0)$ を見本路（Sample Path）といい，見本路が時間に関して連続であるとき，その確率過程は連続な確率過程といわれる。連続な確率過程の増分が独立であり，かつ，任意の増分の差が平均0，分散がその時間差となる正規分布に従い，起点における値がほとんどの場合に0（a.s.0）であるような場合，この確率過程は，ウィーナー過程（または標準ブラウン運動）と呼ばれる。ウィーナー過程（$W_t$）に関して，

$$dX_j(t) = \mu_j(X_1, X_2, t) dt + \sigma_j(X_1, X_2, t) dW_t, X_0 = x_0, (j = 1, 2)$$

を伊藤の確率微分方程式といい，ここで，$\mu_j$ はドリフト項の係数，$\sigma_j$ は確率項の係数といわれる。

**伊藤の補題**

　$X_1(t)$，$X_2(t)$ を上で表現した二つの伊藤過程とする。

いま，$f(X_1(t), X_2(t), t)$ を $X$ に関して 2 回連続微分可能，$t$ に関して 1 回連続微分可能とするとき，確率過程 $\{Y_t = f(X_1(t), X_2(t), t) \; ; \; t \geq 0\}$ は，

$$dY_t = df = \left[\frac{\partial f}{\partial t} + \frac{1}{2}\frac{\partial^2 f}{\partial X_1^2}\sigma_1^2 + \frac{\partial^2 f}{\partial X_1 \partial X_2}\sigma_{12}\sigma_1\sigma_2 + \frac{1}{2}\frac{\partial^2 f}{\partial X_2^2}\sigma_2^2\right]dt$$

$$+ \frac{\partial f}{\partial X_1}dX_1(t) + \frac{\partial f}{\partial X_2}dX_2(t)$$

を満足する伊藤過程となる。

《参考文献》

( 1 ) *Handbook of the Economics of Finance* (Volume 1A Corporate Finance), George M. Constantinides, Milton Harris, & Rene' M. Stulz, Elsevier, 2003.
( 2 ) *Asset Pricing*, John H. Cochrane, Princeton University Press, 2001.
( 3 ) *Principles of Corporate Finance* (6th edition), Richard A. Brealey & Stewart C. Myers, 2000. (藤井眞理子・国枝繁樹監訳, 日経 BP 社, 2002)
( 4 ) *Corporate Finance* (Fifth edition), Stephen A. Ross, Randolph W. Westerfield & Jeffrey F. Jaffe, Richard D. Irwin, 2000.
( 5 ) *Theory of Valuation* (Frontiers of Modern Financial Theory, Volume 1), Edited by Sudipto Bhattacharya & George M. Constantinides, Rowman & Littlefield Publishers, 1989.
( 6 ) *Finance Theory*, Robert A. Jarrow, Prentice-Hall, 1988.
( 7 ) *The Revolution in Corporate Finance*, Edited by Joel M. Stern & Donald H. Chew, Jr., Basil Blackwell, 1986.
( 8 ) *Option Pricing*, Robert A. Jarrow & Andrew Rudd, Richard D. Irwin, 1983.
( 9 ) *Non-Price Decisions The Firm in a Modern Context*, A. Koutsyiannis, Macmillan Education, 1982.
(10) *Modern Developments in Financial Management*, Edited by Stewart C. Myers, Praeger Publishing, 1976.
(11) *The Theory of Business Finance A Book of Reading* (Second edition), Stephen H. Archer & Charles A. D'Ambrosio, Macmillan Publishing Company, 1976.
(12) *The Theory of Financial Decisions*, Charles W. Haley & Lawrence D. Schall, McGraw-Hill Book Company, 1973.
(13) *Portfolio Analysis*, Jack Clark Francis & Stephen H. Archer, (Foundations of Finance Series), Prentice-Hall, 1971.
(14) 小宮隆太郎・岩田規久男『企業金融の理論　資本コストと財務政策』日本経済新聞社, 1971.
(15) *Optimal Financing Decisions*, Alexander A. Robichek & Stewart C. Myers, Prentice-Hall, 1965.
(16) *Portfolio Selection*, H. Markowitz, John Wiley & Sons, 1959.
(17) "Three Problems in Rationing Capital," By James H. Lorie & Leonard J. Savage, *Journal of Business*, Vol. XXVIII, No. 4 (October 1955), pp. 56–66.
(18) 「流動性を考慮した多期間の投資計画に随伴する資金調達の組み合わせに関する最適選択および企業価値評価との関係について」『成蹊大学経済学部論集』第 32 巻第 2 号, 131～152 頁, 2002 年 3 月。
(19) 「流動性制約条件付き企業価値評価アプローチの新しい提案」『成蹊大学経済学部論集』第 35 巻第 1 号, 51～62 頁, 2004 年 10 月。

## 索　引

### あ　行

| 一時的資本 | 41 |
| イミュニゼーション | 87, 148 |
| イールド・カーブ | 37, 149 |
| 運転資本 | 41 |
| 営業キャッシュフロー | 26 |
| エージェンシー・コスト | 105 |
| M＝M 仮説第Ⅱ命題 | 35 |
| オプション | 91 |

### か　行

| 加重平均資本コスト | 35, 109, 111 |
| 株式収益率 | 45 |
| 株主資本価値 | 74, 99 |
| 株主資本評価額 | 16 |
| 株価・利益説 | 16 |
| 加法則 | 77 |
| 間接金融 | 82 |
| 甘味剤 | 87 |
| 管理リスク | 37 |
| 企業価値 | 74, 99 |
| 稀少性原理 | 10 |
| 期待理論 | 85 |
| 稀薄化効果 | 95 |
| キャッシュフロー | 25, 112, 113 |
| 切替えオプション | 63 |
| 切捨て率 | 58 |
| 金融仲介機関 | 83 |
| 金利スワップ | 88 |
| 金利リスク | 86 |
| 経営リスク | 37 |
| 経済発注量 | 51 |
| 継続可能な成長 | 26 |
| 継続企業 | 16 |
| 限界現在価値法 | 117, 122 |
| 現金流列 | 25 |
| 現在価値指標 | 57, 108 |
| 現在価値法 | 57 |
| 恒常的資本 | 41 |
| 効率的フロンティア | 47 |
| コーポレート・ファイナンス | 9, 10, 13, 19, 20, 120, 134 |
| コール・オプション | 63, 97 |

### さ　行

| 債　券 | 83 |
| 最終利回り | 34, 84 |
| 債務不履行リスク | 38 |
| 財務会計 | 11 |
| 財務制限条項 | 88 |
| 財務梃子効果 | 36 |
| 財務リスク | 16, 36, 69, 111 |
| 残余価値 | 16, 74, 99 |
| 時間選好説 | 33 |
| 事業環境リスク | 37 |
| 事業リスク | 15, 69, 112 |
| 資金繰り | 14, 43 |
| 資金調達の意思決定 | 14 |
| 資産価値 | 99, 114 |
| 資産構成 | 13 |
| 資産成長 | 13 |
| 資産・負債（統合）管理 | 21, 129, 135 |
| 市場価値 | 20 |
| 市場分断理論 | 86 |
| 市場ポートフォリオ | 48 |
| シナジー効果 | 30 |
| 資本構成 | 13 |
| 資本市場 | 82 |
| 資本市場線 | 48 |
| 社　債 | 83 |
| 収益価値 | 72 |
| 収益性 | 9, 10, 14 |
| 修正現在価値法 | 75, 117 |
| 純限界現在価値 | 120, 126 |

| | | | |
|---|---|---|---|
| 純現在価値 | 58 | 負　債 | 81 |
| 純現在価値法 | 57, 117 | 負債コスト | 33 |
| 純収益 | 14 | プット・オプション | 63 |
| 主要運転資本 | 42 | フリー・キャッシュフロー | 29 |
| 伸縮性 | 16 | フロー | 12 |
| 信用リスク | 37 | 分離定理 | 49 |
| ストック | 12 | 平均・分散モデル | 45 |
| ストラクチャード・ファイナンス | 88 | ペッキング・オーダー仮説 | 81 |
| 清算価値 | 73 | 簿価価値 | 19 |
| 総現在価値 | 58, 74, 99 | 本業の再定義 | 80 |
| 総資産価値 | 74 | **ま　行** | |
| **た　行** | | 持ち分型証券 | 96 |
| 単純オプション | 63 | 持ち分コスト | 33 |
| 直接金融 | 82 | **ら　行** | |
| デュレーション（マコーリー） | 86, 147 | リアル・オプション | 63, 113, 126, 133 |
| 転換社債 | 95 | 利　札 | 83 |
| 倒産リスク | 38, 111 | 利子率の期間構造 | 85 |
| 投資キャッシュフロー | 26 | リスク | 14 |
| 投資収益率 | 57 | リスク市場価格 | 48 |
| 投資の意思決定 | 14 | リスク・プレミアム | 33 |
| トラッキング・ストック | 102 | 利付債 | 83 |
| **な　行** | | 利回り曲線 | 84 |
| 内在価値 | 20 | 流動資産 | 41 |
| 内部資金 | 26 | 流動性 | 9, 10, 15 |
| 内部収益率 | 57, 61, 119 | 流動性選好理論 | 85 |
| **は　行** | | 流動性リスク | 37 |
| 配当政策の無関係性命題 | 106 | 流動負債 | 41 |
| ハイブリッド証券 | 96 | **わ　行** | |
| 費　用 | 15 | ワラント付社債 | 95 |
| 不確実性 | 14, 69 | 割引キャッシュフロー法 | 57 |
| 複合オプション | 63 | 割引現在価値評価額 | 20 |
| 複式簿記 | 11 | 割引債 | 83 |

## 著者紹介

太 田 康 信
1948年生まれ
1971年　慶應義塾大学経済学部卒業
1973年　慶應義塾大学大学院経済学研究科（理論経済学専攻）修士課程修了
1974年　慶應義塾大学助手に任用さる
1978年　米国 Northwestern 大学経営大学院修士課程修了
1979年　慶応義塾大学大学院経済学研究科（理論経済学専攻）博士課程修了
1980年　慶應義塾大学大学院経営管理研究科（慶應義塾大学ビジネス・スクール）助教授
1993年　慶應義塾大学大学院経営管理研究科（慶應義塾大学ビジネス・スクール）教授
2001年　成蹊大学経済学部教授　現在に至る

【主要著書・論文など】
『現代金融市場論』村井俊雄監修，共著，学文社（1985）
「幾何平均最大化ポートフォリオ製作のターンパイク性について」慶應経営論集（1979）
「複数選択基準指標により順位づけられた投資プロジェクトの一元的総合評価方法に関する試論―双対尺度法の応用―」慶應経営論集（1983）
「円レートの変動について」東京海上各務記念財団奨励賞受賞（1983）
「ファジー・ポートフォリオ・セレクション」証券経済学会年報（1985）
「わが国株式市場の空洞化に関する考察」慶應経営論集（1996）
「流動性制約条件付き企業価値評価アプローチの新しい提案」成蹊大学経済学部論集（2004）

**手解き**
**コーポレート・ファイナンス**

2006年4月10日　第一版第一刷発行　●検印省略

著　者　太田康信

発行所　株式会社学文社　郵便番号　153-0064
　　　　　　　　　　　　　東京都目黒区下目黒3-1-6
　　　　　　　　　　　　　電　話　03(3715)1501(代)
発行者　田　中　千津子　振替口座　00130-9-98842

OHTA, YASHUNOBU ©2006
乱丁・落丁の場合は本社でお取替します。　印刷所　㈱シナノ
定価は売上カード，カバーに表示。

ISBN4-7620-1479-6

| 編著者 | 書名 | 判型・頁・定価 | 内容 |
|---|---|---|---|

**渋谷博史・安部雅仁・櫻井潤編著**
**地域と福祉と財政**
四六判　192頁　定価1890円

〔シリーズ福祉国家と地域〕地方都市での具体例を挙げ，経済的実態を検証。「地域」に目線をおくことで，市場原理を超えた福祉の実現や生活構造や変化を意識し，少子化対策のヒントを考えていく。
1409-5　C3333

**小林正雄編著**
**日本経済の論点**
四六判　296頁　定価2415円

戦後日本経済の変遷および対外関係，景気循環，産業・労働，金融，財政といった諸側面から90年代以降の日本型経済システムをめぐる各「論点」を分析し，21世紀に入った日本経済の今日的位相を問う。
1140-1　C3033

**速水昇編著**
**政府の役割と租税**
A5判　288頁　定価2940円

大きな変化を遂げつつある日本の財政状況において財政知識とともに租税に関する知識も必要となっている。政府の役割と税法の仕組みを詳説し，地方財政にもポイントを置いて解説した財政論テキスト。
1425-7　C3033

**樋口均著**
**財政国際化トレンド**
——世界経済の構造変化と日本の財政政策——
A5判　400頁　定価3990円

財政国際化〈世界体制維持コストの分担〉という観点から，IMF体制崩壊以降最近までの日本の財政政策を，世界経済の構造変化と関連させて考察。
0825-7　C3033

**篠田武司編著**
**スウェーデンの労働と産業**
——転換期の模索——
A5判　282頁　定価2415円

グローバリゼーションが席巻するなか，スウェーデン福祉国家はいかに変貌をとげつつあるのか。それを労働と産業の面から実態調査のもとに解説。またそれは日本的経営の変化にどのように関連するのか。
1010-3　C3033

**佐久間信夫編著**
**アジアのコーポレート・ガバナンス**
A5判　256頁　定価2730円

アジア諸国の企業統治の状況は，各国の法制度や国民の思考習慣，ステークホルダーの成熟度の違いにより大きく異なっている。進む企業統治改革の現状と課題を各国ごとに検討しこれからを考えていく。
1469-9　C3034

**早田巳代一著**
**最新財務諸表論**
——理論と実践——
A5判　344頁　定価3360円

制度会計の視点から企業会計原則を基本原理とし，それに基づく財務諸表の作成を法令との関連から包括的に考察。さらに，財務諸表を作成するにあたり必要不可欠の会計処理と表示方法を明示。
1443-5　C3034

**西澤昭夫・福嶋路編著**
**大学発ベンチャー企業とクラスター戦略**
—日本はオースティンを作れるか—
A5判　280頁　定価2730円

1980年代，全米各地域に対して，産学官連携・大学発ベンチャー・クラスター戦略によって再生を図る新たな経済振興モデルを示したオースティン。果たして日本で，このモデルは機能しうるか？
1408-7　C3034